长江口航道通航
仿真建模探索与实践

NAVIGATION SIMULATION MODELING OF YANGTZE RIVER ESTUARY WATERWAY:
THE EXPLORATION AND PRACTICE

袁子文　李文正　徐　力　董升平　张培林　张　浩　等著

企业管理出版社
ENTERPRISE MANAGEMENT PUBLISHING HOUSE

图书在版编目（CIP）数据

长江口航道通航仿真建模探索与实践 / 袁子文等著 .
北京：企业管理出版社，2024.7.--ISBN 978-7-5164-3077-4
Ⅰ . U697.1
中国国家版本馆 CIP 数据核字第 2024ZX1216 号

书　　名	长江口航道通航仿真建模探索与实践
作　　者	袁子文等
责任编辑	郑小希
书　　号	ISBN 978-7-5164-3077-4
出版发行	企业管理出版社
地　　址	北京市海淀区紫竹院南路17号　　邮编：100048
网　　址	http：//www.emph.cn
电　　话	编辑部（010）68414643　发行部（010）68701816
电子信箱	qiguan1961@163.com
印　　刷	北京明恒达印务有限公司
经　　销	新华书店
规　　格	170毫米×240毫米　16开本　7.75印张　110千字
版　　次	2024年8月第1版　2024年8月第1次印刷
定　　价	66.00元

版权所有　翻印必究·印装错误　负责调换

前　言

长江口深水航道是长江黄金水道的咽喉，位于长江经济带、长三角一体化和上海国际航运中心等国家战略的交汇处，战略地位十分突出。自1997年国务院批准实施长江口深水航道治理工程以来，经过二十多年的建设，国家规划的长江口"一主两辅一支"通道格局初步形成，其中北槽主航道已实现12.5米水深目标、南槽辅航道达到6米水深。目前，长江口航道年货运量超过18亿吨，是全球规模最大的河口航道，有力支撑了国家战略实施和沿江地区经济社会发展。

交通运输部规划研究院长期参与长江口深水航道重大前期课题研究，积累了大量数据基础和实践经验。2017年以来，院课题组积极主动开展技术创新，利用仿真技术构建考虑自然条件、基础设施、运营规则全要素，服务规划、建设、运营全周期，面向宏观、中观、微观全过程的巨型河口航道仿真模型。通过陆续参与《长江口南槽航道治理一期工程可行性研究报告》《长江口航道"十四五"发展规划研究》《长江口南槽航道治理二期工程可行性研究报告》等项目的实践验证，重点开展了运输需求、船舶流量等专题研究，特别是持续开展了仿真研究，并为长江口航道建设和规划提供了有力支撑。

本书依托上述相关研究成果进行系统归纳和总结，包括总体思路、运输需求、仿真技术、建模实践四个篇章共八个章节。

第一篇总体思路。第一章为概述，介绍了本书研究的背景、意义，河口航道仿真建模分析的国内外研究综述,以及研究思路和应用前景。第二章为长江口航道总体概况,介绍了长江口航道的发展概况、建设规划和各河段航道的建设情况。

第二篇运输需求。第三章为长江口航道货运量分析,包括货运发展现状和运输需求预测。第四章为长江口航道船舶流量分析,分析了不同河段、不同货类的船型发展特点,对未来船型和船舶流量进行预测。

第三篇仿真技术。第五章为仿真前期准备和重难点问题识别,介绍了仿真建模的方法、前期准备,以及重难点问题识别。第六章为长江口航道通航仿真关键技术,在重难点问题识别基础上,从三个方面介绍了本次建模的核心技术。

第四篇建模实践。第七章为长江口航道适应性仿真模型设计及构建,包括总体设计、变量定义、仿真模型。第八章为仿真实验及结果分析,包括仿真模型验证,长江口航道多场景多工况仿真实验设计、各方案仿真结果分析、主要仿真实验结论等。

附件部分,一是对长江口航道通航的历次仿真工作进行了回顾,二是介绍了长江口航道适应性评价理论探索,三是介绍了部分仿真模型的部分属性与变量定义。

袁子文、董升平对全书内容做了统稿和修改完善,李文正、徐力、张培林对全书进行了审阅。

本书在编写过程中得到了交通运输部长江口航道管理局、武汉理工大学交通与物流工程学院的大力支持,在此表示感谢。由于长江口航道船舶流量大、通航管理规则复杂、建模影响因素多以及编者水平所限,书中难免有不足、遗漏甚至错误之处,敬请批评指正。希望本书能够为复杂航道的通航仿真建模提供一定的参考和借鉴。

目 录

第一篇　总体篇

第一章　概述 ... 2
　　一、研究背景及意义 ... 2
　　二、国内外研究综述 ... 3
　　三、研究思路 ... 5
　　四、应用前景 ... 6

第二章　长江口航道总体概况 ... 8
　　一、长江口航道现状及规划 ... 8
　　二、长江口航道通航环境和管理规则 ... 12

第二篇　需求篇

第三章　长江口航道货运量分析 ... 16
　　一、长江口航道货运发展现状分析 ... 16
　　二、长江口航道运输需求预测 ... 22

第四章　长江口航道船舶流量分析 ·· 29
  一、长江口船舶流量发展现状分析 ··· 29
  二、长江口船型发展趋势 ··· 33
  三、长江口航道船舶流量发展趋势分析 ··· 36

第三篇　仿真篇

第五章　仿真前期准备和重难点问题识别 ·· 42
  一、研究方法 ··· 42
  二、建模前期准备 ··· 46
  三、通航仿真重难点问题识别 ··· 50

第六章　长江口航道通航仿真关键技术 ·· 51
  一、考虑复杂港航船要素的通航仿真关键技术 ··· 51
  二、考虑南北槽航道特点的通航仿真关键技术 ··· 56
  三、考虑特殊船型管制规则的通航仿真关键技术 ··· 58

第四篇　实践篇

第七章　长江口航道通航仿真模型设计及构建 ·· 64
  一、总体设计 ··· 64
  二、典型模块 ··· 66

第八章　仿真实验及结果分析 ·································· 80

　　一、仿真模型验证 ··· 80

　　二、长江口航道多场景多工况仿真实验设计 ·················· 81

　　三、各方案仿真结果分析 ··· 83

　　四、主要仿真实验结论 ·· 94

附1　长江口航道通航仿真回顾 ···································· 96

　　一、长江口南槽航道一期研究阶段 ································ 96

　　二、长江口"十四五"发展规划研究阶段 ······················ 97

　　三、长江口南槽航道二期研究阶段 ································ 98

附2　长江口航道适应性评价理论探索 ······················· 100

　　一、航道适应性及主要影响因素 ································· 100

　　二、基于排队系统理论的通航系统评价体系 ················ 101

　　三、基于航道服务水平的通航系统评价体系 ················ 108

附3　仿真模型属性定义 ·· 114

第一篇 总体篇

本篇主要介绍研究的总体情况。第一章概述,介绍了本书研究的背景、意义,河口航道仿真建模分析的国内外研究综述,以及研究思路和应用前景。第二章长江口航道总体概况,介绍了长江口航道的发展概况和通航环境。

第一章 概述

一、研究背景及意义

长江口深水航道是指长江口船舶定线制 A 警戒区西侧边界线至圆圆沙警戒区东侧边界线之间航道，总长 43 海里。按照"一次规划，分期建设，分期见效"的原则，长江口深水航道治理工程分三期实施，工程总投资约 156 亿元。随着 2011 年长江口三期工程的竣工验收，长江口深水航道已实现规划 12.5 米水深目标，深水主航道通航条件得到明显改善。目前，长江口深水航道已上延 300 余千米抵南京港，长江口航道货运量快速增长，通航船舶大型化趋势明显。

为提升长江口航道总体通过能力和服务水平，优化长江口通航结构和通航环境，交通运输部于 2018 年启动了长江口南槽航道整治一期工程建设，并于 2020 年 6 月交工验收。长江口在现有 12.5 米深水主航道的基础上，再添一条长 86 公里、水深 6 米、宽 600 米至 1000 米的辅助航道，可满足 5000 吨级船舶满载乘潮双向通航，1 万吨至 2 万吨级船舶减载乘潮通航及大型船舶空载下行乘潮通航。至此，长江口航道形成了北槽主航道和南槽辅航道的"北主南辅"新态势。南槽辅航道的通航，分流了绝大部分 5000 吨级船舶和部分 1 万~2 万吨级的船舶，使北槽主航道的通航条件得到明显改善，显著提升了大型船舶的运输效益，极大地促进了长江航运和沿江港口的快速发展，增强了沿江产业的国际竞争力,进一步提升了长江黄金水道的水运优势。

随着沿江地区经济社会和船舶大型化的持续发展,未来长江口北槽深水航道通过能力将面临挑战,加之超宽、邮轮等特殊船舶交会、警戒区船舶减速避让、港口航道进出船舶干扰等,将加剧北槽深水航道实际通过能力下降、船舶等候时间延长。为深入贯彻落实长江经济带等国家重大发展战略,优化长江口航道通航环境,适应长江航运持续增长的需求,缓解北槽深水航道可能的通过能力下降等问题,迫切需要研究继续推进长江口辅助航道建设,完善长江口航道体系。

本书主要采用基于排队系统理论的仿真技术和航道适应性评价理论,构建多工况多情景的模型。即:针对长江口航道系统(包括北港、南港、南槽、北槽航道),结合近年来长江口航道货运量、船舶流量和船型相关数据,综合考虑长江口航道的天气环境、水文条件、管制策略、锚地及港口码头等多种因素的影响,建立基于考虑船舶行为和管控策略优化的复杂船舶流长江口航道适应性仿真模型;设计长江口南槽航道不同治理方案和南、北槽航道不同管制策略下的场景,通过仿真实验,在给定运量规模、船舶密度、船型组成和航行安全间距等条件下,分析不同船舶行为和管控策略下南槽航道不同开发方案对南港、北港、南槽、北槽航道船舶分流效果,评估南槽航道工程后长江口北槽、南槽、南港航道的适应性。

二、国内外研究综述

计算机仿真系统开发在港口及航道中的应用,是随着计算机仿真技术的应用及发展而循序渐进的。在港口及航道实际工作中,需要进行各种决策。在近年的大型工程项目中,计算机仿真技术越来越多地被使用,为决策提供依据。

早在20世纪60年代,国外学者便利用排队论研究航道的通过能力,且随着技术的不断发展以及过多不确定因素的存在，越来越多的学者着手进行有关内河航道和沿海港口进出港航道计算机仿真系统的研究。波兰、德国等国家的学者曾利用计算机对航道进行了模拟，但是这仅限于使用计算机模型进行理论上的模拟；在日本，东京湾曾经利用计算机仿真技术模拟海上交通安全系统，通过对水域交通特性、交通流模型、交通规划、交通安全评价等方面的研究，建立了第一个宏观的仿真模型；针对伊斯坦布尔海峡的状况，高斯等利用 Arena 建立了针对海峡的船舶交通流的仿真模型，并考虑了船舶流、海峡环境等影响因素，与此同时，针对伊斯坦布尔海峡船舶交通容量的分析，MavrakisD 等学者提出了计算机仿真模型。除此之外，针对釜山港存在的拥堵问题及解决方案，Gi-TaeYeo 等学者使用了 AWE-SIM 仿真语言进行研究，该研究充分考虑了船舶自身属性对航道的影响，对后来的研究有一定的借鉴意义。

相较于国外学者，计算机仿真应用于水运国内起步较晚。使用计算机仿真技术研究水运，始于天津大学油码头仿真和交通部第一航务工程勘察设计院煤炭码头仿真，这些仿真的研究对象为港口码头；仿真技术应用于航道研究，始于天津港航道通过能力研究，该仿真模型考虑了天气、潮汐、水文等外部影响，以及船舶条件、通航规则等内部因素，论证了天津港航道通航能力。此后，计算机仿真技术被广泛应用于航道研究，如使用面向对象语言 ViusalBasic.Net 的计算机仿真系统研究黄骅港航道通过能力，利用 Rockwell Arena 软件建立仿真模型研究黄骅港航道通过能力；宁双林等人利用 Arena 软件建立航道仿真模型，对单向航道控制理论进行仿真模拟分析；除了 ViusalBasic.Net 和 Arena 软件外，Promodel 软件也广泛运用于航道仿真研究，如林莉君使用 Promodel 建立计算机仿真系统研究苏申内港线航道通过能力；徐武雄基于 Visual Statio 软件建立多桥航道交通流仿真模型。上述研究显示仿真技术在航道系统中有着巨大应用前景和可能性。

由于长江口航道通航系统的复杂性，尤其是其具有多级排队、动态关联、随机扰动等特征，现有排队论数学模型往往难以解决这样复杂的排队系统，使用计算机仿真是目前解决航道排队系统最有效的技术手段。

三、研究思路

1. 总体思路

计算机仿真是当前应用最广泛的实用技术之一，它集成了计算机技术、网络技术、图形图像技术、面向对象技术、多媒体、软件工程、信息处理和自动控制等多个高新技术领域的知识，以数学理论、相似原理、信息技术、系统技术及其应用领域有关的专业技术为基础，以计算机和各种物理效应设备为工具，利用系统模型对实际的或设想的系统进行实验研究，能克服数学解析模型难以分析现实系统的困难，通过模拟实验再现系统运行场景，精确描述系统事件发生的可能性。

2. 技术路线

根据排队论，本次研究涉及的实体为船舶，而航道与锚地共同组成的船舶航行作业系统即为服务窗口，船舶按照一定安全通航管理规定在航道与锚地中排队航行或停靠的过程即为船舶航行作业系统服务船舶的过程，船舶、航道与锚地一起构成了典型的多通道排队服务系统。具体流程如图1-1所示。

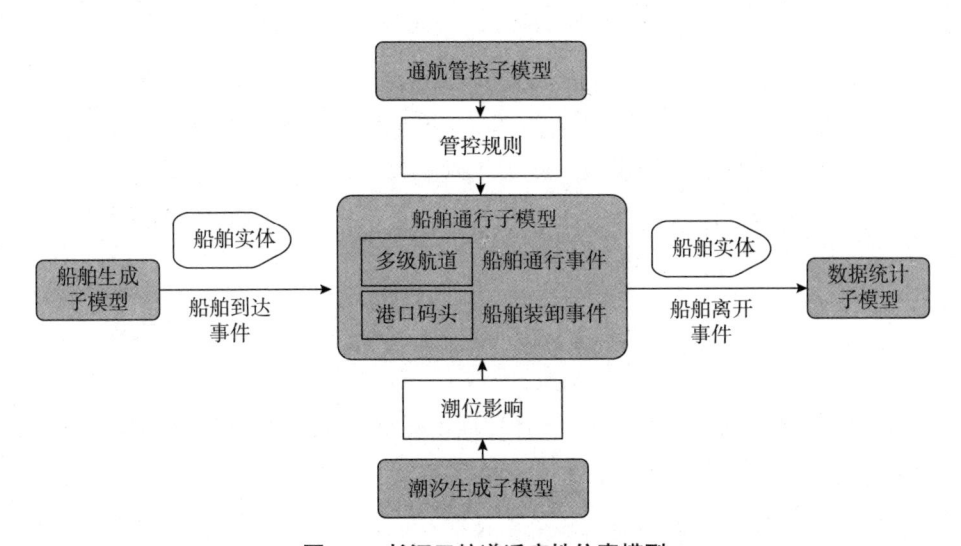

图 1-1　长江口航道适应性仿真模型

由图 1-1 可见，长江口航道通航适应性仿真模型由船舶生成子模型、船舶通行子模型、潮汐生成子模型、通航管控生成子模型和数据统计子模型等五个子模型组成。首先由船舶生成子模型根据长江口航道船舶流量数据确定的船舶到达随机分布参数产生随机数量的船舶实体（包括超宽船舶、危化品船舶等），由潮汐子模型生成潮水水位干扰因素，由通航管控子模型生成安全通航管理规则（包括特殊船舶让行规则、高峰时段船舶通行管制规则等），然后随仿真时钟的推进依次安排船舶到达事件、等待事件、通行事件和离开事件。当船舶离开系统时即由数据统计模块统计航道运行数据，包括各航道通过能力、船舶平均通过时间、分航道货运量分类统计、分航道船舶流量分类统计等。按照上述方式，对船舶航行通过长江口航道的全过程建立仿真模型，并考虑在船舶航行过程中受到的潮汐影响、长江口航道安全通航规则的制约以及超宽船舶通行的特点，将这些因素转化为参数或规则融入模型中，根据仿真实验的输出结果分析不同工况下（航道拓宽加深、通航管理规则变化、船舶搁浅堵航等）长江口航道的通过能力及服务水平的变化。

四、应用前景

长江口深水航道是全球货运量最大、治理难度最复杂的航道，本次仿真模型考虑自然条件、基础设施、运营规则全要素，服务规划、建设、运营全周期，面向宏观、中观、微观全过程，是一个可拓展性、可复制性较强的模型，未来预计可在以下场景中应用。

1. 大型河口航道建设辅助决策

一是可继续为长江口北港航道治理、北支航道开发等提供基础理论和方法支撑，也可适用于长江口航道的极限通过能力研究。二是可为长江干线 LNG 接卸码头建设提供通航影响分析及对策研究。三是可为运河和重要通航枢纽建设提供支撑，包括湘桂、赣粤、浙赣运河建设，三峡新通道和长洲枢纽等具有排队特性通航枢纽的建设，以及珠江口、闽江口、鸭绿江口等其他具有河口特性通航的航道建设。

2. 运行管理辅助决策

一是可用于长江口南槽高潮期间的管制优化、长江口北槽主航道边坡利用优化、LNG 运输船舶进江的通航管理优化等。二是可用于珠江口等其他河口航道以及内河枢纽的运行管理优化等。

3. 安全管理辅助决策

一是可用于支撑河口航道韧性研究。二是可用于多汊口交汇处通航的安全风险评估研究。三是可用于极端安全情况下不同汊口河段的航道管制策略研究。

第二章　长江口航道总体概况

一、长江口航道现状及规划

1. 长江口航道概况

长江口上海段的航路由主航道、辅助航道和小型船舶航道等组成。其中，主航道包括长江口深水航道、外高桥航道、宝山航道、宝山北航道和宝山南航道，是进出长江口的大型海轮的通航航道；辅助航道包括南槽航道，是大、中型空载或减载后船舶进出长江口的辅航道；小型船舶航道包括南支航道、外高桥沿岸航道、宝山支航道和宝山南航道南侧航道，供小型船舶航行。

此外，长江口水域还有北支、北港、新桥通道、新桥水道、长兴水道、横沙通道等可通航水道，主要供附近渔船、客船等小型船舶航行，或为沿岸码头的进出港通道（参见表2-1、图2-1）。

表2-1　　　　　　　　长江口航道及主要可通航水道现状

	南支		南港	北槽	南槽	北港	北支
主航道	宝山南航道	长江口 12.5m 深水航道					
		宝山北航道	宝山航道	外高桥航道	北槽航道		
小型船舶航道	宝山南航道南侧航道		宝山支航道	外高桥沿岸航道		南支航道	

续表

	南支	南港	北槽	南槽		北港	北支
辅助航道				南槽航道上段	南槽航道下段		
其他	新桥通道	新桥水道	长兴水道	横沙通道		北港水道	北支水道

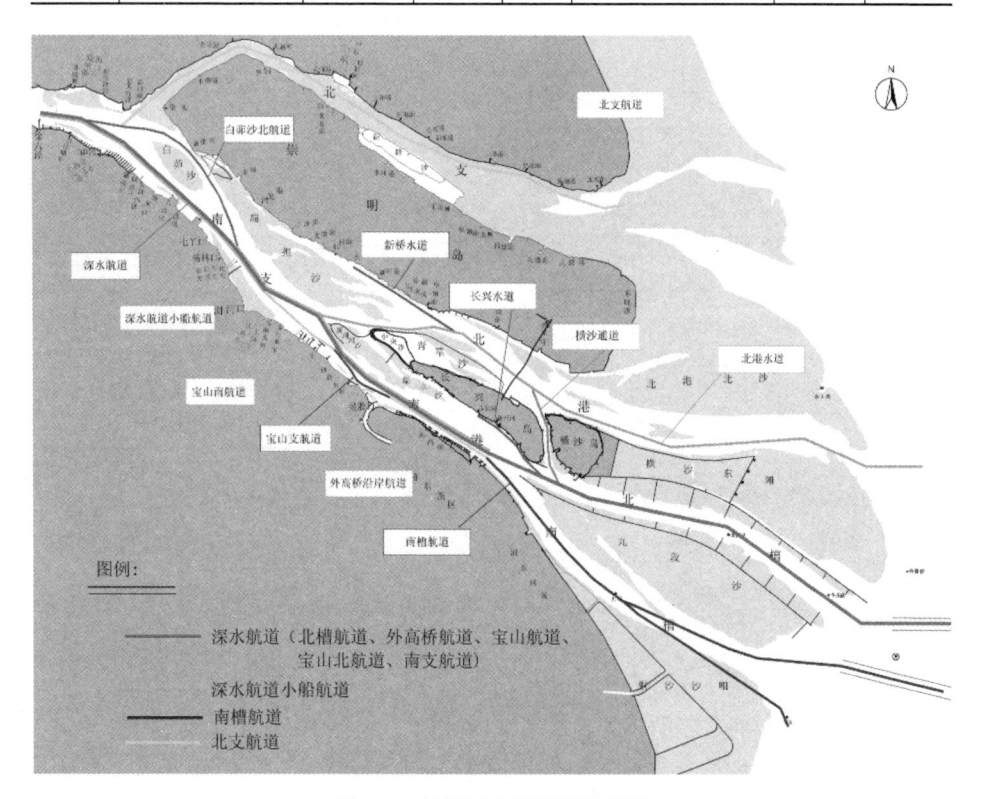

图 2-1 长江口主要航道示意图

2. 长江口航道规划情况

根据 2023 年国家发展改革委和交通运输部批复的《全国航道与港口布局规划》以及 2010 年交通运输部批复的《长江口航道发展规划》，长江口航道规划范围为长江徐六泾至长江口灯船，规划建设"一主两辅一支"的长江口航道体系："一主"指长江口主航道即 12.5 米深水航道，规划尺度为 12.5 米 × 350～460 米（水深 × 航宽，下同）；"两辅"指南槽航道和北港航道（包括横沙航道），规划尺度分别为 8 米 ×（350～400）米、10.0×（350～400）米；"一支"指北支航道，现状利用自然水深，远期标准专题论证后确定。此外，长江口水域"一主两辅一支"以外的航（水）道，在规划期内将利用自然水深通航（参见表 2-2）。

表2-2　　长江南京以下口航道及主要可通航水道现状

河段	里程（公里）	水深 × 航宽 × 弯曲半径（米）	保证率（%）	通航代表船舶（队）
北槽（主航道）	120	12.5 ×（350～460）	95%	通航 1 万吨级海船
南槽	86	8.0 ×（350～400）		通航 1 万吨级海船
北港	90	10.0 ×（350～400）		通航 3 万吨级海船
北支	80	现状利用自然水深，远期标准专题论证后确定		崇启大桥以上可通行 3000 吨江海船，崇启大桥以下可通航 3000～1 万吨级海船

3. 各河段功能和建设情况

（1）北槽航道

功能定位：自徐六泾至长江口灯船，由南支航道、南港航道和长江口深水航道（即南港北槽航道）组成，以满足 5 万吨级集装箱船（实载吃水 11.5 米）全潮和 5 万吨级散货船满载乘潮双向通航，兼顾 10 万吨级集装箱船和 10 万吨级散货船及 20 万吨级散货船减载乘潮通航要求。

建设情况：2010 年 3 月北槽—南港 12.5 米深水航道通航，航道全长 92.2 公里，航道宽度为 350 米（口外段 400 米）；2011 年 1 月 12.5 米深水航道上延至太仓；2014 年 7 月贯通至南通；2018 年 1 月长江口 12.5 米深水航道实现了邮轮和集装箱船利用边坡自然水深实施超宽交会；2019 年 5 月长江南京以下 12.5 米深水航道二期工程顺利通过竣工验收，长江口 12.5 米水深目标达成，使主航道通航条件得到明显改善，5 万吨级集装箱船能直达南京。

（2）南槽航道

功能定位：南槽河段的航道呈"Y"字形，上段（圆圆沙警戒区—九段沙警戒区）为单一航道，下段（九段沙警戒区以下）分叉成两条航道，即南槽航道下段、南槽南支航道。南槽航道以增加航道水深，满足自身船舶流量增长和通航船舶结构大型化发展需求，提升分流12.5米深水航道吃水较小船舶及下行大型空载船舶的能力，并增加船舶实载率和营运水平为重点。满足1万吨级散货船满载乘潮双向通航（同向单线），兼顾2万吨级舶船乘潮通航；8米水深航道以外满足5000吨级及以下船舶双向多线通航，兼顾大型空载船舶下行乘潮通航。

建设情况：2013年2~5月，实施了长江口南槽航道疏浚工程，航道养护里程为86公里，航道深度5.5米，航道底宽250米，以满足5000吨级散货船乘潮双向通航。南槽5.5米人工维护航道两侧布置自然水深航道。2014年纳入养护范围以来，年维护量约230万方/年，始终保持了交通运输部要求的90%的通航水深保证率。为进一步优化长江口通航格局，提升长江口航道综合通过能力，南槽航道治理一期工程已于2018年12月29日正式开工，2020年6月23日通过交工验收并正式投入运行。

（3）北港航道

功能定位：北港航道上接南支航道，下至长江口外，全长90余公里，满足3万吨级集装箱船（实载吃水11米）乘潮通航及5万吨级散货船减载乘潮通航要求。

建设情况：目前为自然水深通道，尚未正式通航，其中新桥通道及北港中上段水深条件良好，水深可达10米，但拦门沙段水深较差，约5.5米，现状除新桥通道设标供往来崇明的客、渡船及部分小船通航外，中下段基本处于不设标的自然水道，该区域有少部分渔船和小型船舶根据经验利用自然水深通航。

（4）北支航道

北支航道主要为海门、启东和崇明等地临港工业和经济发展服务。北支上起海门港下至连兴港，全长约85公里，主要利用自然水深通航。已建的崇启大桥跨越北支航道，其中主跨净宽185米、设计通航净空高度28.5米，可供3000吨级海轮通航。

二、长江口航道通航环境和管理规则

1. 长江口航道自然条件分析

长江口航道自然条件主要包括风、浪、雾和潮汐等因素。

（1）不良气候条件对长江口航道通航的影响

长江口航道气候条件好，能全天候运转，只有当发生威胁船舶航行安全的恶劣天气时才关闭航道，如每年恶劣天气包括大雾、风、雨、浪等影响36天，并以随机的方式发生。

（2）潮汐对长江口航道通航的影响

长江口潮汐在口门外为正规半日潮，在口门内为非正规半日浅海潮。根据横沙和鸡骨礁两个验潮站2016-2021年的观测资料，乘潮水位分别1.5米、2米和2.5米。

2. 长江口航道船舶通航管理规则

在长江口航道航行的船舶，必须遵守《中华人民共和国海上交通安全法》《长江上海段船舶定线制规定》，以及《长江口深水航道通航安全管理办法（2019年9月1日实施）》《上海海事局关于长江口深水航道和南槽航道船舶交通组织相关事宜的通告》（2021年5月27日）等有关规定。其中，《长江口深水航道通航安全管理办法》适用于在长江口深水航道（以下简称深水航道）航行、停泊、作业及从事其他相关活动的所有船舶、设施。其中与本次研究研究相关的规定主要有：

①实际吃水小于7米的船舶（客运班轮除外）、废钢船舶、拖带船队禁止在深水航道及两侧水域内航行。吃水小于8米的上行船舶应当避免在长兴高潮前4小时至长兴高潮前1小时进入长江口深水航道；吃水大于6米的船舶可以使用长江口深水航道下行。

②深水航道中，两船交会宽度之和不得超过80米；交会的两船宽度总

和大于80米时为超宽交会，只适用于满足航道技术标准及吃水要求的大型邮轮与集装箱船、邮轮与邮轮、邮轮与滚装船之间的交会。两船可利用边坡100米水域实施超宽交会，超宽交会两船宽度总和不大于90米，但禁止船舶在深水航道内同一断面三船相会。

③船舶在深水航道内禁止追越，航速不得超过15节，南港航道内船舶最大航速不超过12节。长兴高潮前4小时至长兴高潮前1小时内，上行船舶航速一般不应低于10节，下行船舶平均航速一般不应低于10节，并与前船保持1海里以上的安全距离。航速低于10节的上行船舶应当避免在北槽中潮位站低潮前2小时到低潮后1小时进入深水航道。长兴高潮前7.5小时至长兴高潮前4小时内，上行船舶在长江口深水航道的航速不得低于8节。

④在长兴高潮前4小时至长兴高潮前1小时进入深水航道的船舶，应当编队航行。除此以外，还需要编队航行的船舶包括淡吃水大于11.5米的船舶、邮轮、客运班轮和最大宽度大于32.5米的油船、化学品船、液化气船、最大宽度大于40米的船舶。

⑤需编队航行的船舶应于前一日的18时之前通过电子申报平台或其他方式预约编队，列入编队的船舶应当按编队顺序进入深水航道航行，其他船舶禁止在编队船舶的通行时间内进入航道。最大宽度大于47米的船舶应当提前向上海海事局书面报告船舶吃水及相关船舶资料，按编队时间进入深水航道航行。拟进入南槽航道的吃水7米及以上的船舶应当提前向吴淞VTS中心报告。

⑥只要安全可行，LNG船舶和船宽大于47米的其他船舶，应当尽可能从南槽航道下行；只要安全可行，小型船舶不应妨碍因受吃水限制只能在南槽航道人工建设段内航行船舶的安全通行。

第二篇 需求篇

本篇主要介绍货运量和船舶流量现状及预测，是仿真建模的基础。第三章长江口航道货运量分析，分析了货运量发展现状和运输需求预测。第四章长江口航道船舶流量分析，归纳了不同河段、不同货类的船型发展特点，对未来船型和船舶流量进行了预测。

第三章　长江口航道货运量分析

一、长江口航道货运发展现状分析

1. 总体情况

近些年来，伴随长江经济带战略的持续推进，长江沿线省市的经济稳步发展，东中西部经济产业协调共进，经济增长动力从沿海向沿江内陆地区拓展，沿江地区产业加快布局调整、发展质量不断提高、对外贸易持续增长、城市化进程快速推进，带动长江黄金水道运输需求显著上涨。同时，长江口深水航道治理及其向上延伸工程和南槽航道一期治理工程的顺利实施，改善了长江口的通航环境，为长江口货运量的提升创造了良好的硬件条件（表3-1）。2022年，长江口航道货运量为16.59亿吨，同比增长1.15%。

表3-1　　　　近年来长江口货运量变化情况　　　单位：亿吨、万TEU

		2010年	2015年	2021年	2010—2015年年均增速	2015—2021年年均增速
长江干线运量		15.1	21.2	32.6	7.0%	7.4%
长江口货运量		9.1	11.9	16.5	5.5%	5.6%
主要货类	1. 煤炭	2.4	3.2	3.5	5.9%	1.5%
	2. 金属矿石	2.1	2.5	3.9	3.5%	7.7%
	3. 矿建材料	0.3	0.2	0.8	−7.8%	26.0%
	4. 液体散货	0.4	0.6	0.9	8.4%	7.0%

续表

		2010年	2015年	2021年	2010—2015年年均增速	2015—2021年年均增速
主要货类	5.集装箱重量	2.0	2.4	3.3	3.7%	5.5%
	集装箱箱量	2000	2400	3300	3.7%	5.5%
	6.其他	1.9	3	4.1	9.6%	5.3%

数据来源：交通运输部、交通运输部规划研究院整理。

2. 变化特点

（1）长江口货运量持续快速增长，海进江占主导地位

2021年，长江口货运量完成共16.5亿吨，较2015年以来年均增长5.6%。"十五""十一五"期，伴随我国加入WTO后对外贸易快速发展，长三角外向型经济的规模快速提升，长江口货运量分别实现了年均18.7%和12.3%的快速增长；"十二五"期，由于先后受到国际金融危机和国内宏观经济转型等影响，长江口货运量年均增速放缓至5.5%；2015—2021年，虽然新冠疫情对长江口货运量增长带来一定的影响，但随着长江经济带等国家战略的带动，以及长江口深水航道和南槽航道一期治理工程的竣工，长江口货运量增速仍达到5.6%。

长江沿线地区总体基础资源较为匮乏，但加工制造业较为发达。产业结构导致其发展所需的煤炭、铁矿石等大宗散货多数需从我国北方或国外进口获得，加工制造产成品装箱销往国内外各地。从运输规模来看，调入的大宗散货占据长江口货运量的主体，导致海进江运输量在货运量中长期占据主体，始终维持在约80%左右的水平。伴随区域经济协调发展，货运量中上下水比重的差距有所缩小，2021年海进江占总货运量的比重约77.0%，较2015年减少2.5个百分点（图3-1）。

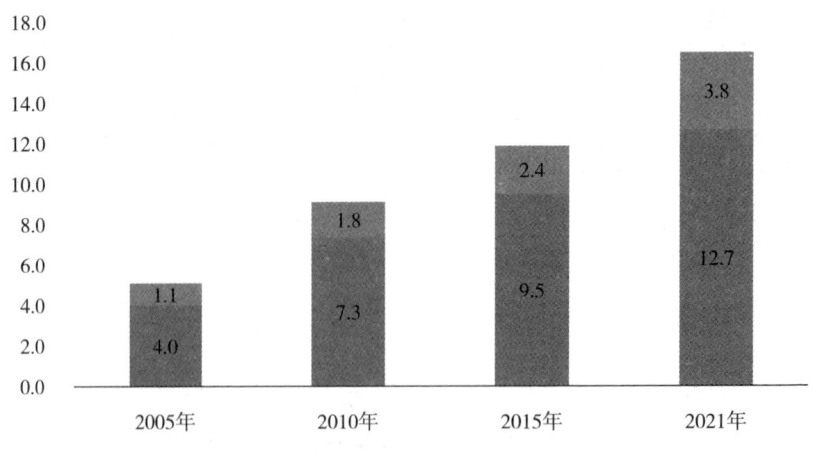

```
18.0
16.0                                          3.8
14.0
12.0                          2.4
10.0             1.8
 8.0                                          12.7
 6.0    1.1              
 4.0             7.3          9.5
 2.0    4.0
 0.0
       2005年    2010年       2015年         2021年
              ■ 海进江    ■ 江出海
```

图 3-1　长江口货运量进出结构变化

（2）内贸货物为主体，南北流向并不均衡

2021年长江口货运量内贸货物为10.2亿吨，占总量的62%，外贸货物6.3亿吨，占总量的38%。从内贸货物的流量流向来看，36%是与南方沿海交流，64%是与北方沿海交流。

具体来看，2021年，海进江运输量完成8.1亿吨，其中，70%来自北方沿海，以北方下水煤为主体，30%来自南方沿海，以海进江铁矿石为主体；与之相反，江出海运输量完成2.1亿吨，60%去往南方沿海，40%去往北方沿海；总体呈现南北流量流向不均衡的运输现状（表3-2）。

表3-2		2021年内贸货运量流量流向结构	单位：亿吨
	2021年	备注	
内贸货运量	10.2	100%	
海进江	8.1	79%	
来自北方沿海	5.7	以煤炭（45%）为主，金属矿石（12%）、矿建材料（6%）、液体散货（5%）、集装箱（4%）为辅	
来自南方沿海	2.4	以金属矿石（41%）为主，矿建材料（14%）、液体散货（13%）、煤炭（12%）、集装箱（8%）为辅	
江出海	2.1	21%	
去往北方沿海	0.8	以金属矿石（18%）、集装箱（18%）为主	
去往南方沿海	1.3	以集装箱（28%）、金属矿石（12%）为主	

（3）金属矿石、煤炭、集装箱为运输量中占比最大的货种，货类结构有所调整

2021年，金属矿石、煤炭和集装箱三大货类的货运量达10.7亿吨，占总量的65%，近些年呈现稳中略降的态势。在长江沿线地区工业化及钢铁冶炼产业发展的推动下，沿江地区铁矿石消费量不断上涨，带动铁矿石货运量自2015年实现7.7%的较快增速，2021年完成3.9亿吨，占比由21%提升至24%；受"双碳"目标工作落实影响，长江中上游地区煤炭消费量绝对量虽保持上涨，但增速放缓，带动水路调运量增速下降，2015年以来煤炭货运量年均增速1.5%，相对"十二五"期下降4.4个百分点，2021年完成3.5亿吨，占比由27%下降至21%；自上海港调整集装箱港区布局，长江口外的洋山港区成为近10年来上海港集装箱吞吐量增量的主体，同时长三角地区集装箱支线运输格局的不断完善也推动了集装箱货运量的增长，自2015年以来实现年均增长5.5%，占比基本保持稳定（图3-2）。

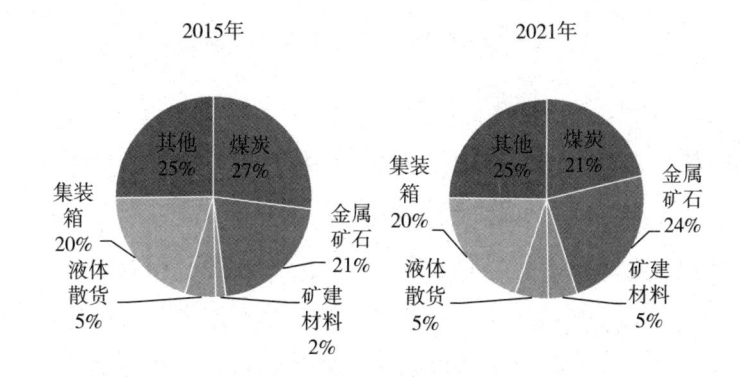

图3-2 典型年份长江口货运量货类结构变化

（4）货运量区域分布持续结构性转换

一直以来，长江口货运量都集中在上海和江苏地区，但近些年来，两者占比持续发生着结构性变化。其中，随着江苏沿江地区工业化进程的快速推进，2021年江苏段货运量完成11.2亿吨，占比由2010年的57.1%提升到当前的68.0%；而上海市在经济产业结构调整和港区调整的影响下，2021年上海段货运量完成4.3亿吨，占比由2010年的37.4%下降到当前的25.8%；

长江中上游段伴随中西部地区经济产业的发展及航道条件的改善，货运量也有所发展，2021年完成1亿吨，占比小幅提升，由5.5%提升到6.2%，见图3-3。

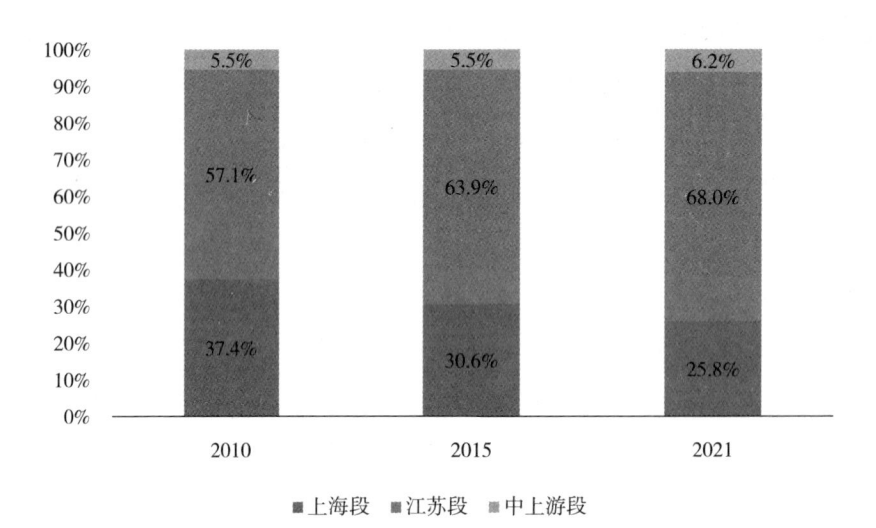

图3-3 长江口南北槽货运量变化情况

（5）南北槽货运量结构存在明显差异

从南北槽航道货运量的结构变化看，北槽航道以运输金属矿石、煤炭和集装箱三大货类为主，三者货运量占比始终在80%以上，但从2015年以来，三大主要货类占比呈现了一定的下降态势，由85%下降至82%，其主要由于煤炭等大宗散货运输需求增速相对放缓导致，虽金属矿石有所增加，但仍无法弥补煤炭的下降份额；而南槽航道以运输件杂货等其他货类为主，占比在50%以上，但其占比也在逐渐降低。另一方面，南槽航道运输矿建材料的比例大幅提升，2021年占比已由2015年的8%增长至18%；南槽分流效果导致集装箱、金属矿石等货类占比也小幅提升。

第三章　长江口航道货运量分析

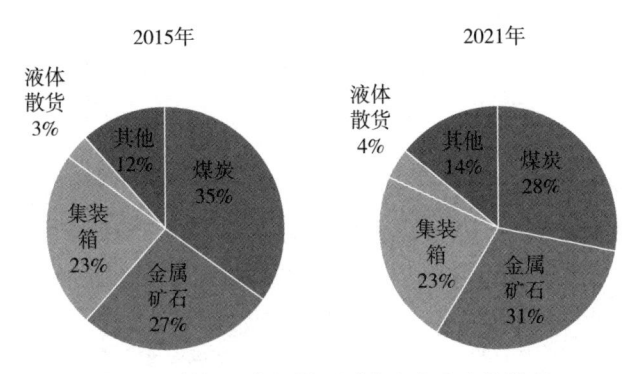

[2015年饼图]
液体散货 3%
其他 12%
煤炭 35%
金属矿石 27%
集装箱 23%

[2021年饼图]
液体散货 4%
其他 14%
煤炭 28%
金属矿石 31%
集装箱 23%

图 3-4　长江口货运量区域分布占比变化情况

（6）南北槽货运量均保持较快增长，北槽增量高，南槽增速快

分南北槽货运量变化情况看，2010年以来，南北槽货运量均保持较快增长态势，其中，北槽航道货运量占据主导，2010年、2021年占比分别为75%和73%。2021年北槽货运量完成12.1亿吨，与2015年相比，年均增长5.3%，北槽航道货运量增长3.2亿吨，占增量总体的70%，是增量的绝对主体；2021年南槽货运量完成4.4亿吨，与2015年相比，年均增长6.6%，增量为1.4亿吨。虽然增量规模不及北槽，但增速要高于北槽1.3个百分点。

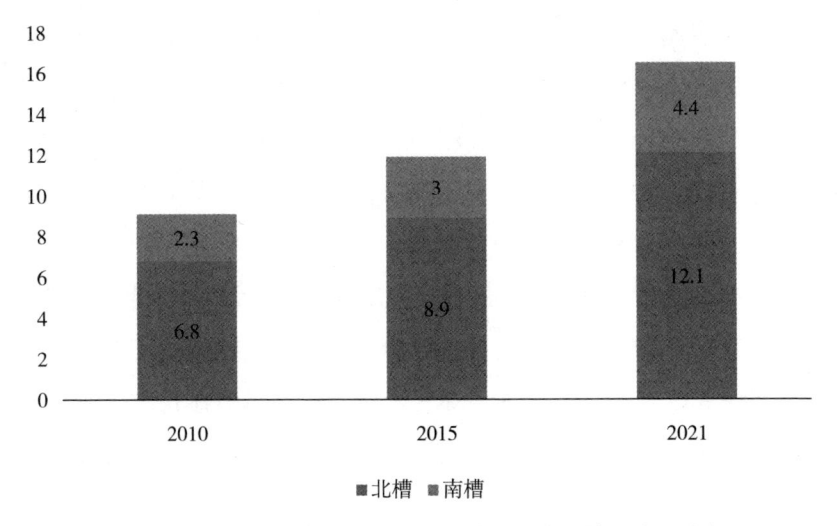

[柱状图数据]
2010年：北槽6.8，南槽2.3
2015年：北槽8.9，南槽3
2021年：北槽12.1，南槽4.4
■北槽　■南槽

图 3-5　长江口北槽航道货运量货类结构变化情况（亿吨）

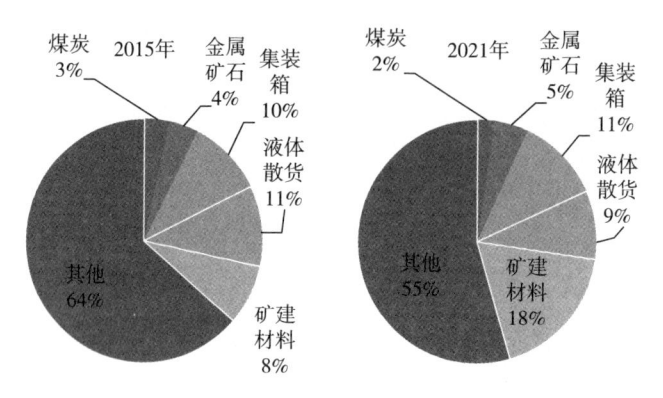

图 3-6　长江口南槽航道货运量货类结构变化情况

二、长江口航道运输需求预测

1. 预测思路

总量预测思路。未来长江口货运量的增长存在着一定的不确定性，单一定性或定量方法的预测均无法准确体现长江口货运量未来的变化程度。因此，本书采用定性与定量计算相结合的组合预测法进行货运量预测，一方面参考腹地各省市国民经济发展规划指标，通过运输弹性、趋势外推、产业结构等方法进行数学模型计算，结合腹地工业化进程、城镇化发展阶段，综合预测长江干线货运量规模。另一方面，在长江干线货运量规模预测值的基础上，综合考虑沿江产业布局与消费情况，结合综合运输通道变化，调整各通道运输占比，参考长江流域大宗能源、原材料物资的运输系统论证，判断长江口货运量所占比重变化情况，复核重要货类货运量预测结果，综合预测进出长江口货运量。

主要货类预测思路。长江口主要货类预测分别采用"产运销"平衡预测法、结构化预测法和趋势外推法等方法进行定量预测，预测中同时参考腹地工业化进程、城镇化发展阶段、各产业沿江产业布局与消费情况、综合运输通道变化情况等，综合预测长江口各主要货类货运量。

分段预测思路。长江口分段货运量预测主要基于主要货类预测结果进行结构化拆分，根据货源地拆分为上海段、江苏段和长江中上游段，根据贸易形式拆分为外贸货运量和内贸货运量两部分，其中内贸部分又根据进出长江口的走向拆分为海进江（上行）和江出海（下行）两大部分，并进一步根据货物走向分为南向和北向两种。

分航道预测思路。基于长江口航道现状及规划情况，综合考虑主要货类运输船型及组织方式分析，明确南北槽航道的功能定位、承担的主要运输功能。结合长江口航道通航适应性仿真研究、长江口主要货类运输系统论证等分析，设定未来长江口北槽航道将主要承担集装箱船、大型散货船等船舶运输，运输货类以集装箱、煤炭、金属矿石、粮食为主，兼顾服务石油及制品、钢材等货类。长江口南槽航道将主要承担空载下行部分散货船以及万吨级及以下船舶运输，运输货类以矿建材料、水泥、非金属矿石、木材、化工原料等为主，兼顾其他散杂货运输。在总量预测的基础上，结合不同南槽二期工程方案，得出南、北槽航道分担的货运量。

2. 总量预测

（1）长江干线货运量保持稳定增长态势，但增速趋于放缓

未来，长江经济带仍然是我国经济发展较为快速的区域，也是我国经济产业重点布局的区域之一，GDP增速在全国平均水平之上，随之带来长江干线货运量保持着增长态势。

同时，伴随着长江经济带上中下游协调发展，对外开放持续深化，产业转型升级向高质量发展，以及绿色化发展要求的不断提高，各个区域的增长动力与增长空间存在差异。长江下游已步入工业化后期甚至后工业化阶段，资源环境约束倒逼其需要在产业结构上做出调整，部分产业发展也将从扩大规模转向升级产业链提升附加值，而部分企业将会迁移；长江中上游地区多处于工业化中期，部分处于工业化后期阶段，该地区将在符合绿色环保发展

要求的基础上，积极承接长江下游及其他区域的产业转移，构建符合高质量发展与绿色化要求的产业体系。因此，长江经济带产业结构升级将成为未来一段时间内产业发展的主要动力，但相对于过往简单粗暴的规模扩张的模式，经济增长速度及其所衍生的运输需求增速均将逐步降低。

总体判断，未来一段时间长江干线货运量仍将保持稳定增长态势，结合多个定量模型计算结果，组合预测2030年长江干线水运量为39亿吨。

表3-3　　　　　　　　　长江干线货运量预测表　　　　　　单位：亿吨

	2021年	2030年	2021—2030增速
综合推荐	32.6	39	2.0%
弹性系数法		44	
趋势外推法		45	
产业结构法		37	

（2）长江口货运量在长江干线货运量中的占比逐步提升

长江干线货运量从运输组织上看可以划分为两类，一类为长江口内港口与长江口外港口的国际、国内沿海货运量，一类为长江内部港口的内河货运量，从增速上对比，近十年长江干线内河运量增速略高于长江口货运量。从运输货类的角度来看，长江口货运量主要以煤炭、矿石、液体散货等进口大宗散货和进出口的集装箱为主，而内河货运量以水泥、矿建材料以及煤炭、矿石和集装箱的支线运输为主。一方面，长江沿线地区工业化城镇化的推进产生了较大的水泥、矿建材料等运输需求；另一方面，受限于长江航道水深等条件限制，煤炭、矿石、液体散货等进口大宗散货和进出口的集装箱中存在部分通过江海中转、江海联运方式运输的需求，该部分也带来了内河货运量的增长，两者共同推进了内河货运量增速要高于长江口货运量增速。

中长期看，伴随着长江南北槽航道条件的不断改善，运输组织得到进一步优化，江海直达量占比提高，江海中转比例下降，长江口货运量在长江干线水运量中的占比将逐步提高。预测2025年、2030年和2035年货运量占比分别为52.2%、53.8%和54.7%，相应货运量分别为18.8亿吨、21亿吨和23亿吨，2021—2025年、2025—2030年和2030—2035年年增速分别为4.4%、2.1%和1.9%。详见表3-4所示。

表3-4　　　　　　　　　　长江口货运量预测表　　　　　　　　单位：亿吨

	2021年	2030年	2021—2030增速
干线货运量	32.6	39	2.0%
长江口货运量	16.5	21	2.7%
占总量比重	50.6%	53.8%	

（3）货类运输结构进一步优化，区域增长动力发生调整

当前长江口货运量结构中，以煤炭、金属矿石和集装箱等货类为主，其主要需求动力来自长三角地区的工业化与城镇化进程需求的大量能源原材料和产成品运输。但经过多年发展，长三角地区工业化进程已逐步进入后工业化时代，城镇化率均达到了70%以上，且在绿色化发展的要求下，传统煤炭、矿石的运输需求增速将显著放缓，城市基础设施建设对于水泥、矿建材料的需求也将降低。但相关产业链升级延伸及居民生活质量提高所带来的消费需求将带来集装箱运输需求继续增长。长江中上游地区相对于长三角地区，仍处于工业化持续推进的过程当中，在长江经济带上中下游协调发展的趋势下，未来预计将成为长江口货运量新的增长点。

3. 主要货类预测

预计未来长江口北槽航道将主要承担集装箱船、大型散货船、邮轮等船舶运输，运输货类以集装箱、煤炭、金属矿石、粮食为主，兼顾服务石油及制品、钢材等货类。长江口南槽航道将主要承担部分下行散货船以及万吨级及以下等船舶运输，运输货类以矿建材料、水泥、非金属矿石、木材、化工原料等为主，兼顾其他散杂货运输。在考虑长江口北港航道通航10米水深方案和满足安全环保要求的前提下，可承担海进江运输，并可承担部分长江沿线，特别是江苏沿江、与北方沿海之间的万吨级以下小型船舶的运输任务；随着江苏通州湾港区开发建设，还可承担通州湾港区与长江沿线部分物资交流的运输任务。分货类预测详见表3-5所示。

表3-5　　　　　　　2030年长江口货（客）运量预测　　　　　单位：亿吨

	2021年	2030年	2021—2030增速
货运量	16.5	21	2.7%
1.煤炭	3.5	3.7	0.6%
2.金属矿石	3.9	3.8	−0.3%
3.集装箱重量	3.3	4.5	3.5%
集装箱箱量	3300	4500	3.5%
4.液体散货	0.9	1.4	5.0%
5.矿建材料	0.8	1.2	4.6%
6.其他	4.1	6.4	5.1%
邮轮：万人次		800	

4. 分区域预测

（1）长江口货运量分段格局总体保持稳定

未来，长江口货运分段格局将基本保持江苏段为主、上海段为辅、中上游段为补充的格局，但由于各地增速有所区别，分段格局将有所变化。

伴随中上游段省份承接产业转移，工业化城镇化进程加快，带来货运需求增速要高于长三角地区，使得中上游段货运量占比有所提升；而上海港由于土地资源受限，腹地产业结构升级调整，上海段货运量增速主要体现在长江内到洋山港区的集装箱支线，货运量增速放缓，上海段货运量占比将有所下降；而江苏段将由于长江口航道及中游航道整治工程效益的发挥，带来进出船舶数量的增加，大型船舶占比的提高，货运量占比将有所波动。

预测2030年的分段占比如表3-6所示。

表3-6　　　　　　　2030年分段货运量预测　　　　　　　单位：亿吨

	2015年	2021年	2030年
货运量	11.9	16.5	21.0
上海段	3.7	4.3	4.8
占比	31%	26.1%	22.9%
江苏段	7.5	11.2	14.5
占比	63.4%	67.9%	69.0%
长江中上游段	0.7	1.0	1.7
占比	5.5%	6.1%	8.1%

（2）内贸货运量仍然占据较大比例，南北流向趋向平衡

长三角地区为我国经济发展较为领先的区域，内外贸运输均为该区域的重点。在"双循环"格局的推动下，长江经济带外向型经济发展和内贸物资交流将保持同步发展态势，长江口货运量内贸仍将保持62%左右的大比重。预测2025年、2030年和2035年的内贸货运量分别为11.4亿吨、12.55亿吨和13.6亿吨。

内贸货运量中北向以海进江能源、矿石大宗散货为主，南向以进出集装箱和其他件杂货物为主。根据前文分析，未来，长江口能源、矿石大宗散货货运量将不会出现较大幅度增长，以保持较为稳定为主。而在大力发展高端加工制造业为背景的前提下，南向集装箱货运量的交流预计将呈现增长态势，南北流向将趋向于更加平衡。

预测2030年的内贸南北向货运量如表3-7所示。

表3-7　　　　　　　2030年南北向内贸货运量分布预测　　　　　　单位：亿吨

	2015年	2021年	2030年
内贸货运量	7.8	10.2	12.6
海进江	6.2	8.1	9.8
来自北方沿海	4.3	5.7	6.1
来自南方沿海	1.9	2.4	3.7
江出海	1.6	2.1	2.8
去往北方沿海	0.5	0.8	1
去往南方沿海	1.1	1.3	1.8

5. 分航道预测

本次预测主要考虑现状北槽12.5米深水航道+南槽航道一期工程（6.0米）工况，2030年预测量见表3-8、表3-9、表3-10所示。

表3-8　　　　　　　2030年长江口分航道货运量预测　　　　　　单位：亿吨

	2021年	2030年	2021—2030增速
长江口货运量	16.5	21.0	2.7%
北槽	12.1	14.7	2.2%
南槽	4.4	6.3	4.1%

表3-9　　　　　　　　2030年北槽航道货运量预测　　　　　　单位：亿吨

	2021年	2030年	2021—2030增速
北槽合计	12.1	14.7	2.2%
1.煤炭	3.4	3.6	0.6%
2.金属矿石	3.7	3.7	0.0%
3.集装箱重量	2.8	3.6	2.8%
集装箱箱量	2800	3600	2.8%
4.液体散货	0.5	0.7	3.8%
5.矿建材料	0	0.1	21.2%
6.其他	1.7	3.0	6.5%

表3-10　　　　　　　2030年份南槽航道货运量预测　　　　　　单位：亿吨

	2021年	2030年	2021—2030增速
南槽合计	4.4	6.3	4.1%
1.煤炭	0.1	0.1	0.0%
2.金属矿石	0.2	0.1	−7.4%
3.集装箱重量	0.5	0.9	6.7%
集装箱箱量	500	900	6.7%
4.液体散货	0.4	0.7	6.4%
5.矿建材料	0.8	1.1	3.6%
6.其他	2.4	3.4	3.9%

第四章 长江口航道船舶流量分析

一、长江口船舶流量发展现状分析

1. 总体情况

长江口航道分支多，通航环境复杂，通航船舶流量大，对通航船舶数据难以统计准确。为保证数据尽可能与现实情况相符，综合考虑数据的可得性、可比较性、目前实际应用效果等因素，本次研究以海事局 AIS 船舶流量数据为基准，辅以其他统计数据进行修正，开展进一步的分析。2022 年，长江口航道船舶流量因受新冠肺炎疫情等因素影响，特别是上海港在上海市封控期间港口生产作业受限，船舶流量下降，考虑疫情影响并非为长期影响，故后文均采用 2021 年数据进行分析。

2015 年以来，长江口船舶流量总体保持小幅增长，2021 年船舶总流量达到 23.8 万艘次，日均通航船舶 652 艘次，比 2015 年增长 6.3%。2021 年，普通货船、油船及危化品船、客船和其他货船分别占到了总艘次数的 75.6%、15.2%、0.2% 和 9.1%（见表 4-1）。

分南北槽来看，2021 年长江口南槽航道通航船舶 17.0 万艘次，日均通过船舶 465 艘次，相比 2015 年增长 10.7%。而北槽深水航道通过船舶 6.8 万艘次，日均通过 187 艘次，相比 2015 年下降了 3.2%（见表 4-2）。

表4-1　　　　　　长江口分船种通航船型变化表　　　　　　单位：艘、%

船种	2015年	2018年	2021年
合计	223830	225895	237998
日均艘次	613	619	652
液危品船	19.1%	13.1%	15.2%
普通货船	69.1%	80.3%	75.6%
客船	0.6%	0.6%	0.2%
其他	11.2%	5.9%	9.1%

表4-2　　　　　长江口2021年分航道通航船型情况表　　　　单位：艘、%

船种	北槽	南槽	合计
合计	68339	169659	237998
日均艘次	187	465	652
液危品船	13.3%	15.9%	15.2%
普通货船	68.3%	78.5%	75.6%
客船	0.1%	0.2%	0.2%
其他	18.3%	5.4%	9.1%

2. 变化特点

（1）北槽深水航道通过船舶中，以散杂货船和集装箱船等普通货船为主

从通航船舶船种结构来看，北槽深水航道通过船舶中，包括散杂货船和集装箱船等普通货船占比最高，超过半数达68.3%；其次为其他船舶，占比达到18.3%，居第三位的是油船及危化品船，占比为13.3%。从2015年以来的变化看，各船型所占比重有所变化。普通货船占比略有上升，提高了近两个百分点；而油船及危化品船占比持续下降，反映了近年来长江沿江地区控制化工园区发展的结果；客船近两年占比大幅下降；其他种类船占比明显上升（见表4-3）。

表4-3　　　　　　北槽深水航道分船种通航船型变化表　　　　单位：艘、%

船种	2015年	2018年	2021年
合计	70625	65000	68339
日均艘次	193	178	187
液危品船	17.5%	16.1%	13.3%
普通货船	66.4%	76.1%	68.3%
客船	1.4%	1.4%	0.1%
其他	14.7%	6.4%	18.3%

数据来源：上海海事局。

（2）北槽深水航道通过船舶中，船舶吨级依然集中在1万~5万吨级

从通航船舶载重吨位结构来看，船舶吨级依然集中在1万~5万吨级，相比2015年以来船舶艘次数所占比重有所增加，目前在91.7%左右，尤其是2万~3万和3万~5万吨级船舶增长迅猛，现在已成为艘次比重最大的吨级，占比超过50%；5万~7万吨级，艘次数所占比重较小，但也有明显提高，由不足2%提升至3.1%；7万吨级以上船舶艘次数占比小幅下降，目前为5.1%（见表4-4）。

表4-4　　　　　　　北槽深水航道分吨级船舶变化表

载重吨	船宽	2015年	2018年	2021年
合计		70625	65000	68339
≤1万t	≤20m	21.2%	13.5%	12.1%
1万~2万t	20~25m	25.0%	24.3%	22.9%
2万~3万t	25~30m	18.4%	19.5%	28.6%
3万~5万t	30~35m	25.7%	31.2%	28.1%
5万~7万t	35~40m	1.8%	4.4%	3.1%
7万~10万t	40~45m	3.7%	4.4%	3.5%
10万~20万t	45~50m	4.0%	2.3%	1.3%
≥20万t	≥50m	0.3%	0.4%	0.3%

（3）北槽深水航道通过船舶中，上行船舶数量高于下行

从上下行比例结构来看，上行明显大于下行。由于货物流向存在不平衡，进江货物远远多于江内出海的货物，因此进江重载船吨位较大时就只能选择北槽深水航道，而出海时由于空载吃水小，可以不用等待北槽深水航道的交通管制安排，很多空船选择从南槽航道出海。2021年北槽航道上水船舶约3.76万艘次，占比约55%，下水船舶约3.08万艘次，占比约45%。上水船舶比下水船舶多出0.68万艘次（见表4-5）。

表4-5　　　长江口2021年北槽分上下行通航船型情况表　　　单位：艘、%

	上行	下行	合计
艘次	37587	30752	68339
占比	55.0%	45.0%	100%

（4）南槽航道通过船舶中，普通货船占据主体

从通航船舶船种结构来看，南槽航道通过船舶中，普通货船占比最高，占比为78.5%；其次油船及危化品船，占比为15.9%；其他种类船所占比例较小，仅为5.4%；南槽通航客船数量极少，仅约为0.2%（见表4-6）。

表4-6　　　　　　　　南槽航道分船种通航船型变化表　　　　　　　单位：艘

船种	2015年	2018年	2021年
合计	153205	160895	169659
日均艘次	420	441	465
液危品船	19.8%	20.9%	15.9%
普通货船	70.4%	77.8%	78.5
客船	0.3%	0.3%	0.2%
其他	9.5%	6.0%	5.4%

（5）南槽航道通过船舶中，通航船舶以1万吨级以下船舶为主

从通航船舶载重吨位结构来看，南槽航道依然以1万吨级及以下船舶为主，占比80%左右，但相较2015年占比下降了4.4个百分点；其次为1万~2万吨级船舶，占比约12.9%，比例增加了3.7个百分点。2万吨级以上船舶占比约为7.0%，占比增加了0.8个百分点（见表4-7）。

表4-7　　　　　　　　南槽航道分吨级船舶变化表

载重吨	船宽	2015年	2018年	2021年
合计		153205	160895	169659
≤1万t	≤20m	84.5%	82.2%	80.1%
1万~2万t	20~25m	9.2%	10.6%	12.9%
2万~3万t	25~30m	2.7%	2.7%	2.7%
3万~5万t	30~5m	2.8%	3.3%	2.7%
5万~7万t	35~40m	0.3%	0.3%	0.4%
7万~10万t	40~45m	0.2%	0.4%	0.5%
10万~20万t	45~50m	0.1%	0.2%	0.2%
≥20万t	≥50m	0.1%	0.2%	0.5%

数据来源：上海海事局。

（6）南槽航道通过船舶中，下行比例高于上行

从上下行比例结构来看，下行明显大于上行。由于北槽深水航道能力有限，需要进行交通管制安排通航，因此出海的空载大型船舶很多选择从南槽航道出海。2021年南槽航道上行船舶约8.1万余艘次，占比约47.9%，下行船舶约8.8万余艘次，占比约52.1%。下行船舶比上行船舶多出约0.7万艘次（见表4-8）。

表4-8　　　　长江口2021年南槽分上下行通航船型情况表　　　　单位：艘、%

	上行	下行	合计
艘次	81324	88335	169659
占比	47.9%	52.1%	100%

二、长江口船型发展趋势

长江口外是沿海航区，长江口内是内河航区，通过长江口的运输都是江海运输。江海运输船型主要包括三类，第一类是海船进江型，以海上航行为主，进入长江航程有限，主要在南京以下段航行。船舶按海船设计制造，单机单桨为主，直航性好，抗风浪能力强。船型主要是5万吨级以下满载进江海船，7万~10万吨级乘潮进江海船和10万~20万吨级减载进江海船。船种包括散货船、杂货船、集装箱船、液体散货船、滚装船、邮轮等。第二类是江海通用型。长江航行和海上航行距离都较长，船舶按海船和内河船规范设计建造，多为双机双桨，兼顾操纵性和直航性。主要在南京至武汉沿江港口和我国沿海港口之间航行，吨级主要为1万~2万吨级，船种包括散货船、杂货船、液体散货船等。第三类是江船出海型（特定航线江海直达船舶），主要在长江内航行，出长江口航行距离较短，目前只能到宁波舟山港。船舶按内河船规范设计建造，但需要满足特定航线的要求。主要用于安徽马鞍山至湖南岳阳长江沿江港口和宁波舟山港之间的运输，吨级主要为0.5万~2万吨级，船种主要是散货船和集装箱船。

长江12.5米深水航道工程的实施不但使煤炭、铁矿石等大宗散货大船运输需求快速增长，而且石油、粮食、水泥、集装箱等货类也将不同程度地受益，将带动运输船舶向大型化发展，主要表现为：外贸直达运输船型比例进一步加大，货物实载率将逐步提升；外贸铁矿石和煤炭外海中转运输比例将下降，10万~20万吨级大型散货船减载后直达沿江港口的比例将提升；部分内贸及中远洋集装箱直达运输量将增加。

在对主要货类运输船型现状和世界海运船队发展趋势分析的基础上，依据货物的流量流向预测以及未来的运输格局，预测各主要货类运输组织及船型如下。

1. 煤炭

煤炭运输以海进江为主，北方沿海运往长江江苏沿江港口的海进江煤炭，运输船型将以3万~7万吨级散货船为主，外贸进口煤炭将以10万~15万吨级散货船乘潮或减载运抵江苏沿江港口后，再经内河自航船和驳船转运至沿江和内河港口。长江沿线南京以上地区所需海进江煤炭，绝大部分为江海中转运输，采用2万~7万吨级海船从北方港口运至长江南京以下港口，换装5000~10000吨级内河自航船运至安徽、湖北等地沿江电厂、钢厂等用煤气业。

2. 石油及制品

以从宁波舟山港及青岛港中转海洋油和外贸进口原油为主，主要在南京港中转。宁波舟山港中转至南京港的少量外贸进口原油二程运输，推荐船型为5万~8万吨级原油船；国内海洋原油运输将由沿海油田直接运抵南京港，亦将采用5万~8万吨级船。中转至长江中上游的主要船型为1万~2万吨左右的拖驳船队和3500吨、5000吨自航油轮。外贸进口成品油主要运输到长江上海和江苏段，采用3万~5万吨级油轮，国内沿海成品油进江运输，南京以下沿江港口主要采用0.5万~2万吨级油轮，南京以上港口主要采用0.5万~1万吨级油轮。

3. 铁矿石

长江沿线外贸进口铁矿石运输主要在宁波舟山港外贸减载进江和二程中转运抵南京以下港口，部分矿石再经内河船运抵中上游沿江地区，少量通过江海直达从宁波舟山港运抵南京以上至武汉的沿江地区。随着长江口12.5米深水航道的贯通，澳矿、南非矿、南美矿采用10万~20万吨级船在宁波舟山港减载后直达江苏沿江港口所占比重将越来越大；印度矿石采用5万~10万吨级船乘潮或减载直达沿江港口。由宁波舟山港中转的二程铁矿石，运输船型将以3万~7万吨级散货船为主；长江南京以上钢厂所需海进江矿石运输方式主要有两种：一是远洋船在宁波舟山等沿海港口卸载部分后，直抵长江口内江苏沿江港口，或者由二程船运抵江苏沿江港口，再由5000万~10000吨内河船运抵钢厂；二是远洋船运至宁波舟山港等沿海港口后，采用江海船直达运抵马钢等南京以上至武汉的沿江钢厂。其中江海直达运输船型主要为1万~1.5万吨级江海船，最大达到了2.1万吨。

4. 集装箱

长江干线集装箱运输已基本形成了以上海港为干线港，其他长江沿线港口为喂给港的运输格局。长江南京以下港口集装箱运输将在支线运输的基础上逐步发展近洋和沿海内贸航线。其中南京、镇江等港口将以近洋、沿海内贸集装箱运输和支线运输为主，江阴、常州、扬州和泰州等喂给港将主要从事支线喂给运输。近洋航线、沿海内贸航线运输船型以1000~3000TEU船为主，3000~4000TEU船将随着航道条件改善逐步增多；上海港洋山港区长江支线将主要采用500~1000TEU的江海直达集装箱船，江海直达航线主要分布于湖南岳阳港以下的长江沿江主要集装箱港口。长江三角洲主要内河集装箱港口将与上海港洋山港区之间开展河海直达集装箱运输，主要采用120TEU以下河海直达集装箱船。

5. 粮食

从美国、加拿大、巴西、阿根廷等地进口的粮食将采用7万~12万吨散货船乘潮或减载直达长江口内南京以下港口；从东南亚等地进口的粮食将采用3万~5万吨级散货船；从北方沿海进口的粮食将采用2万~5万吨级散货船。

6. 其他散杂货

钢铁运输主要是沿江等地与国内沿海以及国外的交流，国内沿海运输船型主要为0.5万~2万吨级散杂货船，近远洋运输船型将以2万~5万吨级灵便型散货船为主。其他散杂货类的运输船型较杂，将以0.5万~2万吨级杂货船、1万~5万吨级散货船为主。南京以下港口还承担着为中上游沿江地区中转外贸粮食、钢铁、水泥等散杂货运输任务，江内中转船型以1000~10000吨内河船为主。

7. 邮轮

目前亚太航区游轮以10万GT以下船型为主，考虑需求增长及运输规模等因素，预计亚洲地区邮轮船型将继续向大型化趋势发展，主力船型以5~15万GT为主，运输旺季10万~15万吨级船型到港数量将快速增长，20万GT以上大型邮轮也有可能出现。

三、长江口航道船舶流量发展趋势分析

1. 预测思路与方法

进出长江口航道的船舶主要是指进出上海港、江苏沿江港口和少量安徽以上段沿江地区的船舶。

依据预测的海运量、不同吨级船舶承运的货运量比例，并同时考虑船舶大型化发展趋势、航道条件和港口规划等因素进行预测。计算公式如下：

$$N = \Sigma T \times \alpha / (Dwt \times \beta)$$

式中：

N——为船舶通过量；

T——为分货类货运量；

Dwt——为不同吨级船舶载重吨；

β——为船舶实载率；

α——为不同吨级船舶承运货运的比例。

由于长江航道除了长江口以外没有其他通海口，进出海运船舶仍将会从长江口往返，因此上水下水船舶按各占50%测算。由于煤炭、铁矿石及石油等大宗散货以上水为主，因此上水的散货船、原油船约97%为重载船舶，实载率为95%，下水97%为空载船舶，10万吨级以上船舶按减载到10万吨左右控制；由于集装箱运输的特殊性，集装箱船上下水几乎全为重载船舶，实载率为75%；杂货运量以上水为主，上水约90%为重载船舶，实载率小吨位船舶较高，大吨位船舶较低，平均约为50%～70%。成品油和化工品船，其运输品类繁多，而批量大部分较小，实载率差异较大，小吨位船舶略高，大吨位船舶则较低，一般为单程有货，平均低于50%。

2. 总流量预测

基于长江干线货运量发展趋势的判断，结合长江口重点货类运输组织变化特点及趋势分析，以12.5米深水航道作为通航船舶尺度的上限，测算长江口总的运输船舶流量和分船种、分吨级流量结构。

利用上述方法，预测2030年，长江口船舶流量为28.2万艘次。

作为现状的2021年长江口合计的分船种分吨级船舶流量表见表4-9。预测的2030年长江口分船种分吨级船舶流量见表4-10所示。

表4-9　　2021年长江口分船种分吨级船舶流量现状表　　单位：艘次

	合计	1万t以下	1万～2万t	2万～3万t	3万～5万t	5万～7万t	7万～10万t	10万～20万t	>20万t
合计	237998	144188	37503	24091	23829	2867	3203	1211	1106
液危品船	36067	24159	4721	2930	2752	752	306	276	171

续表

	合计	1万t以下	1万~2万t	2万~3万t	3万~5万t	5万~7万t	7万~10万t	10万~20万t	>20万t
普通货船	179887	106310	31787	14002	21044	2090	2887	914	852
客船	399	264	120	11	2	0	0	0	2
其他船	21645	13455	875	7148	31	25	10	20	80

表4-10　　2030年长江口分船种分吨级船舶流量预测表　　单位：艘次

	合计	1万t以下	1万~2万t	2万~3万t	3万~5万t	5万~7万t	7万~10万t	10万~20万t	>20万t
合计	282000	141428	45562	35446	34888	11622	6562	5010	1482
液危品船	46578	23848	8484	5522	5146	1676	844	690	368
散杂货船	141968	74598	21416	12492	21740	5134	2850	2906	832
集装箱船	67980	28284	14452	9858	7836	4388	2048	930	184
客船	2716	564	292	42	132	394	810	464	18
其他船	22758	14134	918	7532	34	30	10	20	80

3. 分航道船舶流量预测

根据长江口通航航道各建设方案，依据运量初步分配结果，根据航线就近、吨级适应和均衡流量的原则，预测长江口各航道的船舶流量和分船种、分吨级流量结构（见表4-11、表4-12）。

表4-11　　2030年长江口北槽航道分船种分吨级船舶流量预测表　　单位：艘次

	合计	1万t以下	1万~2万t	2万~3万t	3万~5万t	5万~7万t	7万~10万t	10万~20万t	>20万t
合计	93700	5506	15036	24742	28510	9883	5359	3995	669
液危品船	15539	596	3728	4114	4271	1425	717	587	101
散杂货船	45474	1678	7593	9182	17827	4107	2394	2281	412
集装箱船	21046	566	3138	4929	6269	3949	1434	660	101
客船	2018	28	139	40	126	394	810	464	18
其他船	9623	2638	439	6478	18	8	4	3	36

表4-12　　2030年长江口南槽航道分船种分吨级船舶流量预测表　　单位：艘次

	合计	1万t以下	1万~2万t	2万~3万t	3万~5万t	5万~7万t	7万~10万t	10万~20万t	>20万t
合计	188300	135922	30526	10704	6378	1739	1203	1015	813
液危品船	31039	23252	4756	1408	875	251	127	104	267
散杂货船	96494	72920	13823	3310	3913	1027	456	625	420
集装箱船	46934	27718	11314	4929	1567	439	614	270	83
客船	698	536	153	2	6	0	0	0	0
其他船	13135	11496	479	1054	16	22	6	17	44

建设南槽航道二期工程后，南槽航道可以分流北槽深水航道部分2万吨级以下实载船舶和大型空载船舶。

第三篇 仿真篇

本篇主要介绍仿真建模的前期准备、重难点问题识别和关键技术，是本书研究的核心部分。第五章仿真前期准备和重难点问题识别，提出了仿真的研究方法、建模前期准备、通航仿真重难点问题识别。第六章长江口航道通航仿真关键技术，总结归纳了三方面六大关键技术。

第五章 仿真前期准备和重难点问题识别

一、研究方法

1. 计算机仿真

长江口航道通航系统中，船舶到达规律的变化会导致整个系统输出的变化，同时也会激发新的规则与变化。比如船舶到达数量的显著增加，会改变航道中在航船舶的数量、航道使用状态等，而航道状态的波动又会继而影响船舶等待通过航道的时间。同时，船舶的类型、吃水、载重、船宽、航速等不尽相同，还需要考虑到潮汐及通航管控策略的变化。因此长江口航道通航系统是一个动态变化的复杂系统。由于这些特殊性，传统排队论并不能完全反映航道的实时状况。计算机仿真则能建立动态模型，充分考虑系统随机性和复杂性，再现真实动态场景，实现中观、微观分析，特别是多场景、多情景的模拟。

计算机仿真是当前应用最广泛的实用技术之一，它集成了计算机技术、网络技术、图形图像技术、面向对象技术、多媒体、软件工程、信息处理和自动控制等多个技术领域的知识，以数学理论、相似原理、信息技术、系统技术及其应用领域有关的专业技术为基础，以计算机或各种物理效应设备为工具，利用"仿真模型"对实际的或设想的系统进行模拟研究，可以克服数学解析模型的局限性。通过模型模拟，再现真实场景，精确描述"真实系统"发生各类事件的可能性，更充分地了解各个变量间的相互关系及影响，从而支持管理人员做出科学合理的决策。

2. 典型仿真软件

（1）Arena

Arena 是一种专用于系统仿真的软件，是美国 System Modeling 公司于 1993 年开始研制开发的新一代可视化通用交互集成模拟环境，很好地解决了计算机模拟与可视化技术的有机集成，兼备高级模拟器易用性和专用模拟语言柔性的优点，并且还可以与通用过程语言，如 VB、Fortran、C/C++ 等编写的程序连接运行。该软件目前由 Rockwell 公司开发和运营。

专用仿真软件 Arena 层次化的建模体系保证使用者可以灵活地进行各个水平上的仿真建模。既可以使用最底层的语言（VB、C/C++ 等）进行复杂系统建模，也可以根据需要使用高级模板进行模型的开发，甚至可以开发出新的模板作为商业用途，提供了将近 20 个模板和近 300 个封装好的逻辑模块，涵盖多个领域，满足各个层次建模的需要。Arena 软件在数据输入、输出以及模型调试等方面软件友好稳定。Arena 基于面向对象的思想和结构化的建模概念，将专用仿真语言的灵活性和仿真器的易用性很好地融合到一起，直接面向实际业务流程构建仿真模型，符合常规的思维习惯。对于大型或者复杂的模型，Arena 提供的分层建模工具允许模型从宏观到微观分成若干层次，并通过端口来连接，大大提高了建模效率。目前 Arena 已升级到 15.0，因此本次研究涉及的仿真模型采用 Arena15.0 版软件开发。

（2）Anylogic

AnyLogic 是一款多方法仿真软件，由俄罗斯的 The AnyLogic Company 于 2000 年推出，现已成为美国工业软件供应商 ANSYS 的一部分。它是市场上唯一一款支持系统动力学、离散事件和代理为主要建模方法的仿真平台，同时也支持加速度卡和分布式计算。AnyLogic 能够灵活地模拟各种复杂系统，如物流、制造、供应链、交通、医疗保健、金融等。

该软件的优点在于其多方法建模能力，用户可以根据具体需求选择最合适的建模范式，甚至可以在同一个模型中混合使用不同的方法。AnyLogic 提供了丰富的预构建库，包括超过 70 个不同领域的代理库块，以及大量的图形元素，用户可以方便地拖放这些元素来构建自己的模型。

除了标准功能，AnyLogic 还支持自定义模型开发，用户可以使用 Java、GIS（地理信息系统）等技术来扩展模型的功能。此外，AnyLogic 的实验功能强大，支持参数变化、随机性分析和优化实验等多种类型的仿真实验。

在数据处理方面，AnyLogic 支持与多种数据库和数据源的直接连接，如 Excel、CSV、ODBC/JDBC 数据库、REST API 等，这使得数据的导入和模型的校准变得更加容易。同时，软件还提供了数据记录、可视化和后处理的强大工具。

AnyLogic 的用户界面直观，模型的创建、运行和结果的展示都非常便捷，即使是没有编程背景的用户也能较快地上手。而对于有高级需求的用户，软件提供的编程接口和脚本功能则能够满足他们几乎无限的可能性探索。

随着技术的不断进步，AnyLogic 也在持续更新和发展，目前已经发布了 8.7 及更高版本的更新，每个新版本都带来了更多的功能和改进。

2. 仿真研究思路

本次研究通过建立长江口航道通航系统计算机仿真模型，模拟南北港、南北槽在不同通航规则、通航策略下的船舶交通流状况，根据输出的关键性指标，评价和评估多场景方案。

仿真的基本步骤、基本建模过程如图 5-1 和图 5-2 所示。

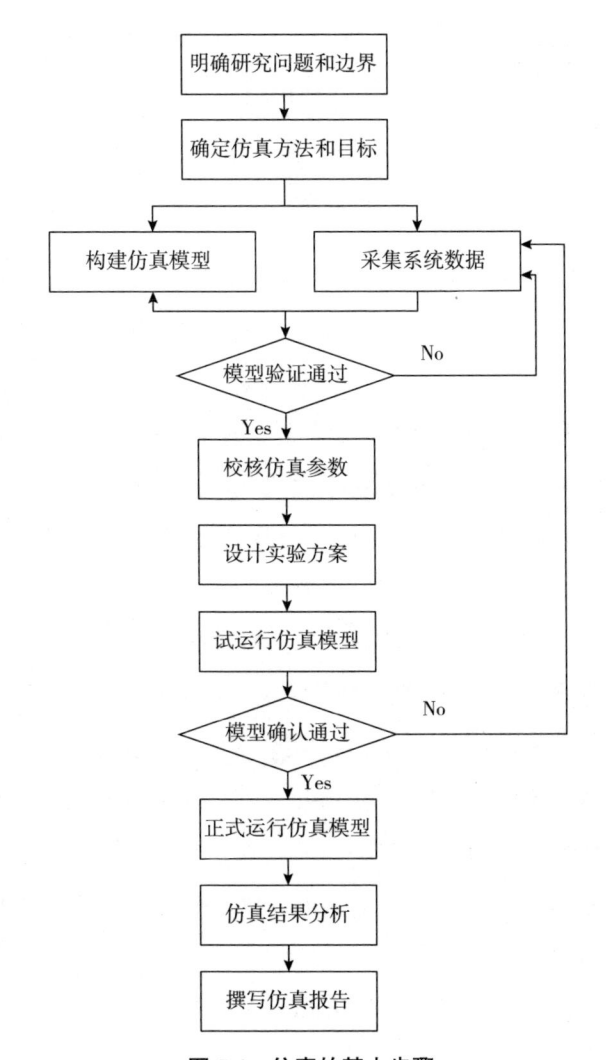

图 5-1 仿真的基本步骤

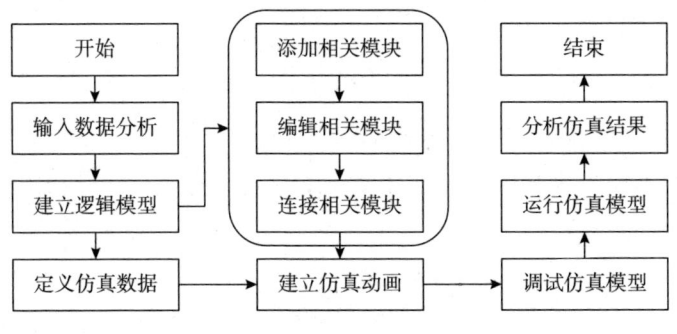

图 5-2 Arena 的基本建模过程

二、建模前期准备

1、长江口航道通航系统仿真目标

仿真系统可以根据其状态的变化分为离散型系统、连续型系统以及离散—连续混合系统。其中，对于连续型系统来说，状态变量值的变化是连续不间断的；在离散系统中，状态变量值的变化是跳跃不连续的；而混合系统中则是连续和离散状态值混合其中。根据上述分析，长江口航道通航系统中，船舶依次到达，在航道中航行后又依次离开。船舶的到达、排队通过和离开等事件发生的时间都是离散的，因此该系可完全视为一个离散型系统。

基于长江口航道现状，建立基于离散事件仿真模型，分析评估研究长江口航道（南港、北港、南槽、北槽）通航状况，根据南北槽通航状况（如航道利用率、服务水平、适应性等），考虑未来发展要求（货物流向变化、船舶大型化以及船舶流量增加），通过多方案、多场景、多工况的对比，统筹南北槽、南北港航道（建设、维护等），提出长江口航道系统化解决方案。

本次系统仿真研究的目标包括：

①长江口航道上下行航道（南北港、南北槽航道）典型断面利用率，船舶平均等待时间及队长。

②根据现状船舶流，在已有船舶到达模式下，对潮汐、管制等进行建模分析。

③典型场景或工况，初步考虑：

——南槽航道进一步加深；

——开放北港航道，主要服务于江苏沿江及以上；

——南槽航道加深和开放北港航道通航同步实施。

此外，本模型未来还可考虑北支航道开发，乃至长江口新港址论证决策的相关研究。

2. 长江口航道通航仿真系统边界的确定

进行系统分析前，需要确定系统边界，以确定系统内部和外部，以及内部系统各要素之间的关系，以及影响因素之间的关系。在长江口航道适应性仿真系统中，航道、泊位被视为一个"组合系统"，并且作为系统内部的固化元素，而船舶作为系统与外部进行交换的元素，是系统的临时元素。

长江口航道仿真系统的研究重点是航道的通航状况。在此系统中，船舶被视为服务对象，航道及泊位是服务机构。船舶进出的通道由航道提供，而船舶装卸作业的场地由泊位提供。本次研究系统仿真分析的范围包括从浏河口到长江口入海处的长江口航道。

除此之外，天气情况及海洋状况（如风、雨、雪、潮汐等）影响着船舶通行及泊位作业情况，这些均为系统的外部环境，但会影响内部，这些为系统外部的环境影响因素。

由上述描述可知，本系统的内部的永久元素为航道和泊位；临时元素是船舶。港口系统为外部环境，而作为外部影响因素，本系统将重点考虑潮汐的影响，研究和分析长江口航道通航系统性能的动态变化。

3. 长江口航道通航仿真要素的分析

对于离散系统，有八个组成要素，分别为：
①实体：系统的研究对象。
②属性：实体的性质和特征。
③时刻：在系统中，改变的为时间。
④间隔：相邻两个时刻之间的持续时间。
⑤状态：系统中的实体和属性被进行了赋值或描述。
⑥事件：系统在某个瞬间被行为所改变，此行为变化是在某一刻发生的。
⑦活动：在某一段时间内，n 个实体在完成某种行为或功能，且 n 大于等于 1。
⑧规则：在系统中，作为活动、行为及事件和影响变化的逻辑的规律，即为规则。

表5-1　　　　　　　　　长江口航道通航系统组成要素

系统组成要素	内容
实体	船舶、航道等
属性	船舶吨级、船舶尺寸、货物种类等
时刻	船舶到达时刻、船舶离开时刻等
间隔	船舶到达时间、船舶等待时间等
状态	船舶等待、通行等
时间	船舶到达、船舶驶入航道、船舶使出航道等
活动	船舶正在原地等待潮汐等
规则	通航规则等

4. 仿真系统流程设计

船舶在航道中运行遵循着一定的通航规则，这与船舶吃水、潮位、航向、船宽等条件相关，其通航状况需根据相关因素进行判断。在进行设计前需要明确本系统的通航规则。本仿真系统开发，应满足通航规则如前所述，具体的通航规则总结如图5-3、图5-4、图5-5和图5-6所示。

（1）上行船舶通航流程

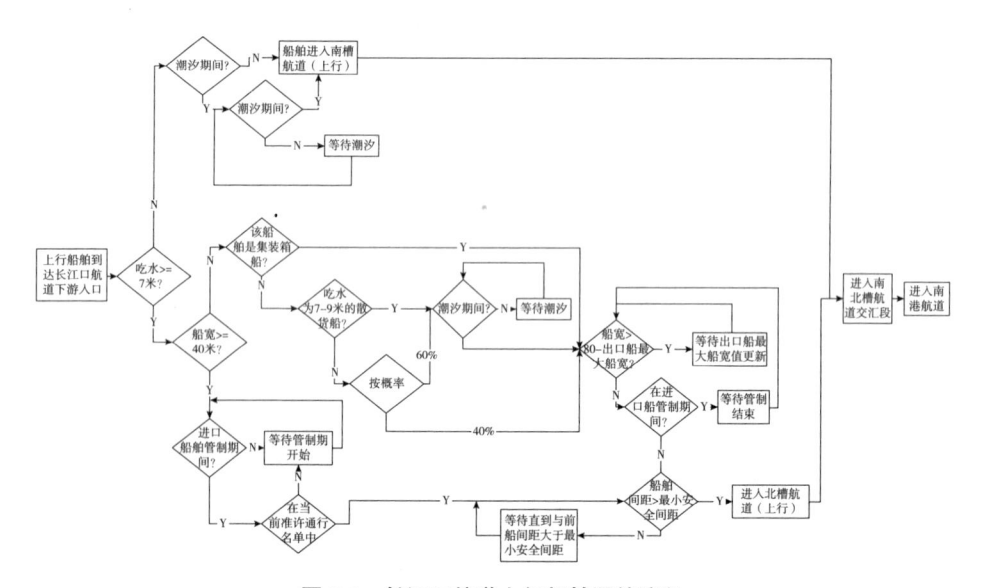

图 5-3　长江口航道上行船舶通航流程

（2）下行船舶通航流程

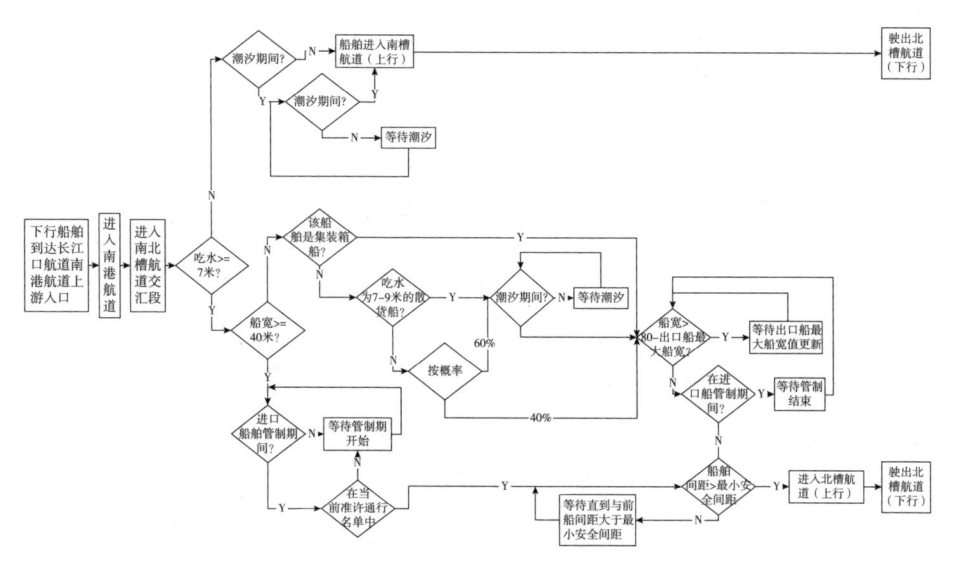

图 5-4　长江口航道下行船舶通航流程

（3）上下行超宽船通行流程

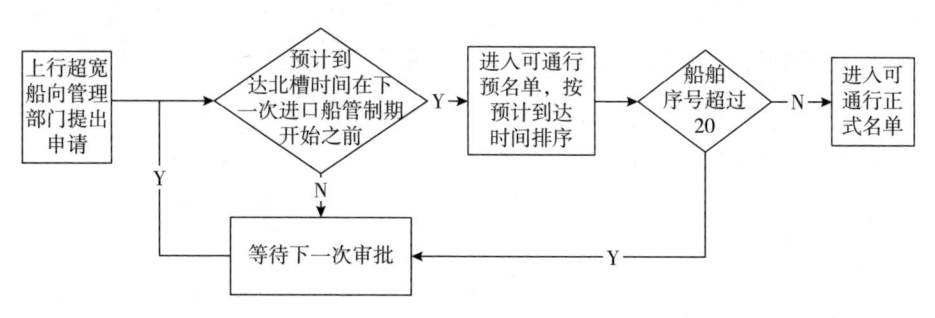

图 5-5　上行超宽船通行北槽航道申请审批流程

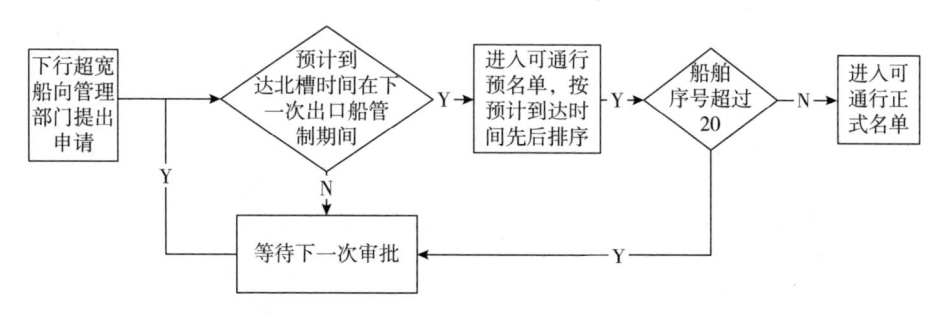

图 5-6　下行超宽船通行北槽航道预约申请审批流程

三、通航仿真重难点问题识别

结合前文长江口通航环境和管理规则、船舶通航特点等分析，本系统构建的重难点集中在以下几方面。

从港航船要素视角来看，建模存在两方面难点。一是船舶的种类和尺度多、散货船、集装箱船和油品船的长、宽和吃水等尺度均存在很大不同，在船舶生成端要考虑相关参数的关联性。二是长江口航道涵盖了南槽航道、北槽航道、南港航道和北港航道以及众多港口码头，构成了典型的多级分叉型航道和多港口交织的船舶交通流排队网络模型。

从长江口航道通航特点看，北槽属于"管制、半管制"深水航道，超宽船舶需要提前申报，且有船舶宽度限制。而南槽航道"宽、浅"，存在大小船混行，船舶通航没有相关限制。在建模中如何体现两个航道的通航特点和规则具有较大挑战性。

从船型管制规则视角看，长江口航道目前存在两种特殊情形。一是自2018年年底后，长江口北槽深水航道大型邮轮和大型集装箱船舶"超宽交会"由试运行转为常态化运行。二是未来LNG船舶进出长江口的通航，按海事局规定要采取相关安全管理措施。

第 六 章　　长江口航道通航仿真关键技术

结合仿真前期准备和关键问题识别,本书总结了长江口航道通航仿真的三方面、六大关键技术。

一、考虑复杂港航船要素的通航仿真关键技术

1. 基于尺度参数关联的船舶实体生成

在本仿真系统建模中,考虑船舶长、宽和吃水等尺度的合理比例关联,为此,根据表6-1中数据,分别对散货船、集装箱船和油品船的船长—吃水及船宽—吃水关系进行函数拟合,分别得到散货船和油品船的船长—吃水和船宽—吃水关系曲线,集装箱船的船长—吃水和船宽—吃水关系曲线,见图6-1～图6-4,相应函数关系式见表6-2。

表6-1　　散货船、集装箱船和油品船尺度参数表

船舶类型	船舶长度（m）	船舶宽度（m）	船舶吃水（m）
油品船	70	13	4.3
散货船	78	14.3	5
油品船	86	13.6	5.1
散货船	96	16.6	5.8
油品船	97	15.2	5.9

续表

船舶类型	船舶长度（m）	船舶宽度（m）	船舶吃水（m）
散货船	115	18.8	7
油品船	125	17.5	7
油品船	141	20.4	8.3
散货船	135	20.5	8.5
散货船	150	23.0	9.1
散货船	164	25.0	9.8
油品船	164	26.0	10
散货船	190	30.4	11.2
油品船	185	31.5	12
散货船	223	32.3	12.8
油品船	229	32.3	12.8
散货船	228	32.3	14.2
油品船	243	42	14.3
散货船	250	43	14.5
油品船	246	43	14.8
油品船	265	45	16
散货船	266	43	16.7
油品船	274	50	17.1
散货船	289	45	17.9
散货船	312	50	18.5
油品船	333	60	19.9
散货船	325	55	20.5
油品船	334	60	22.5
散货船	339	58	23
散货船	342	63.5	23
散货船	362	65.6	23
油品船	380	68	24.5
集装箱船	90	15.4	4.8
集装箱船	106	17.6	5.8
集装箱船	121	19.2	6.9
集装箱船	141	22.6	8.3
集装箱船	183	27.6	10.5
集装箱船	241	32.3	12
集装箱船	293	32.3	13
集装箱船	300	40.3	14

续表

船舶类型	船舶长度（m）	船舶宽度（m）	船舶吃水（m）
集装箱船	346	45.6	14.5
集装箱船	367	45.6	15.5
集装箱船	368	51.8	16
集装箱船	399	59	16

注：数据来源于《海港总体设计规范》（JTS 165-2013）。

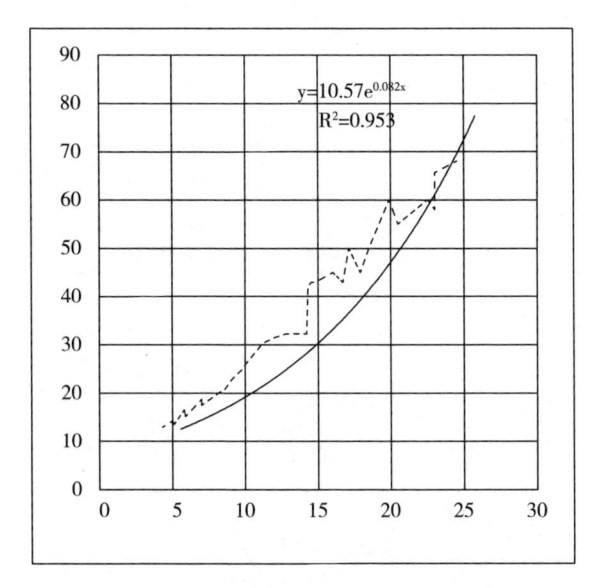

图 6-1 油品、散货船船宽—吃水关系曲线

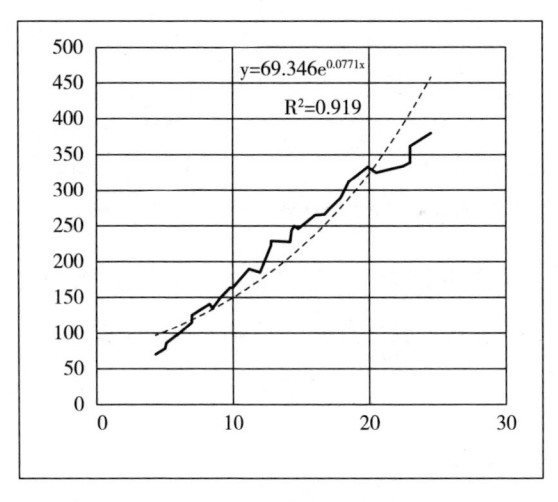

图 6-2 油品和散货船船长—吃水关系曲线

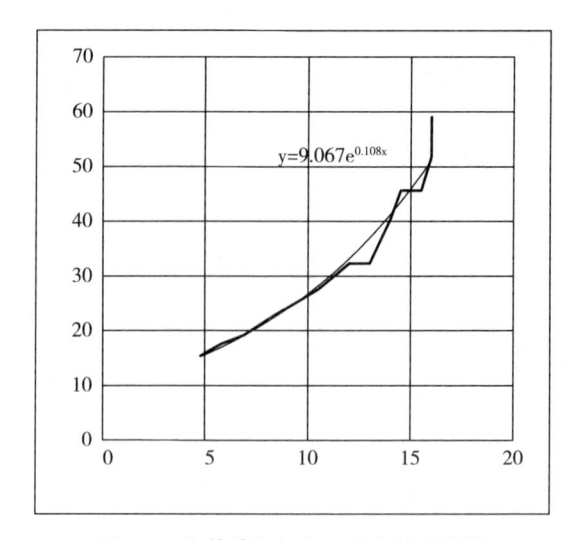

图 6-3　集装箱船船宽—吃水关系曲线

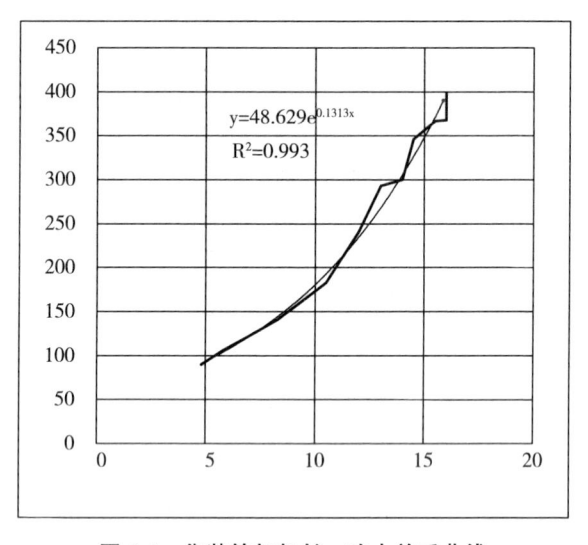

图 6-4　集装箱船船长—吃水关系曲线

因此，根据上述关系，当已知船舶吃水，则可分别通过表 6-2 中函数关系，计算船舶宽度和船舶长度，并将其转化为 Arena 表达式。

表6-2　　　　　　　　　船长与船宽计算及Arena表达式

类型	参数	计算公式	Arena 表达式
散货船	宽度	$10.577e^{0.0825(x+3)}$	10.577*EP（0.0825*（ShiDFT+3））
散货船	长度	$69.346e^{0.0771x}$	69.346*EP（0.0771*ShiDFT）
集装箱船	宽度	$9.0675e^{0.1081x}$	9.0675*EP（0.1081*ShiDFT）
集装箱船	长度	$48.629e^{0.1313x}$	48.629*EP（0.1313*ShiDFT）

2. 考虑多码头多航线多级分叉的复杂航道船舶交通流仿真建模

（1）多级分叉型航道船舶交通流排队网络建模

本次研究模型边界涵盖了南槽航道、北槽航道、南港航道和北港航道，构成了典型的多级分叉型航道船舶交通流排队网络模型。

（2）多码头多级分叉航道融合船舶交通流排队网络建模

由于上述航道的两岸分布有多个专业性码头，因此在仿真建模中还必须考虑船舶经停港口码头和进出港口通道对长江口各航道通航的影响。除了上期项目中已考虑的长兴海工码头外，在本仿真建模中增加了船舶经停罗泾散货码头、外高桥集装箱码头、黄浦江沿岸码头、吴淞邮轮码头的部分，同时还考虑了船舶在吴淞警戒区和圆圆沙警戒区中航行时的减速避碰行为。为此，构建了多码头多级分叉航道融合船舶交通流排队网络建模。

（3）多航线多船型复杂货流分流策略仿真优化模型

根据长江口航道船舶交通流特点，将长江口航道航行船舶划分为江船和海船两大类，分别定义起点和终点，对船舶增加航线属性（货种、流量流向），如洋山—外高桥、宁波舟山—外高桥等，同时还考虑了船舶在未来将要建设的江苏通州湾码头与长江口航道间的往返通行。基于不同航线的船舶航路分析，在仿真中对船舶日常运行轨迹、经停地点及过程等予以精确建模，在更精细的层面上对长江口航道上各船舶运行及其运载货物换装过程进行刻画，以揭示航道可用水深条件的变化所导致的不同航线船舶分流策略，对长江口航道船舶通行效率和适应性影响机制，为航道整治工程规划提供科学依据。

二、考虑南北槽航道特点的通航仿真关键技术

1. 基于双时钟设计的北槽航道船舶通航预申报机制建模

目前，长江口深水航道实行预申报制度，为了真实再现船舶预申报，我们采用一个模型内生成两种实体，各自使用一套时钟的方式来建立仿真模型，如图6-5所示。

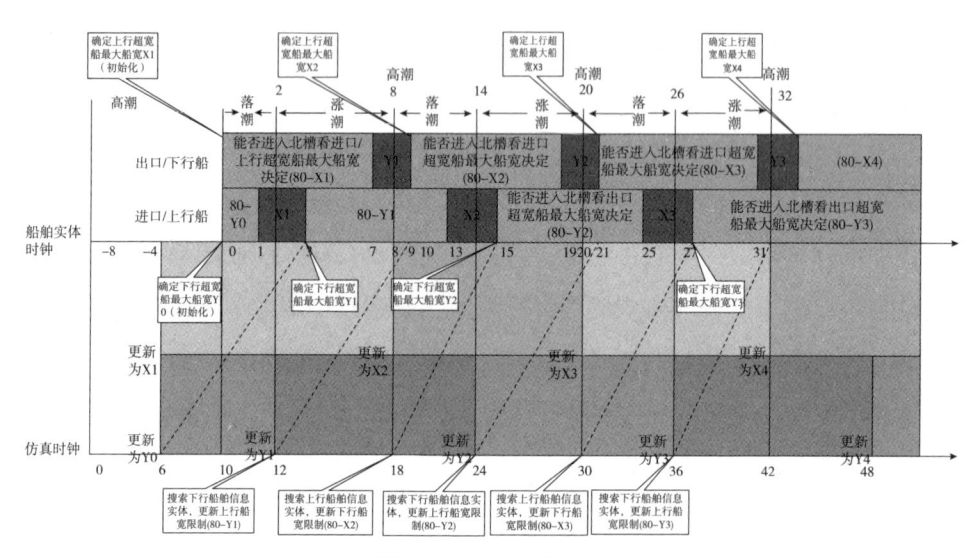

图 6-5　两套时钟体系及上下行最大船宽值更新机制

在本仿真系统模型中，将实体分为船舶实体和信息实体两种，仿真开始后产生一种实体，但随后分拆为船舶实体和信息实体，两类实体具有相同的属性定义及初始值。如图6-5所示，仿真运行过程中，信息实体按系统仿真时钟运行，从t=6时刻开始每隔12小时搜索上行超宽船最大船宽X_n（n=1,2,…），从而更新下行非超宽船进入北槽航道前的船宽限制值（80-X_n）；从t=12时刻开始每隔12小时搜索下行超宽船最大船宽Y_n（n=1,2,…），从而更新下行非超宽船进入北槽航道前的船宽限制值（80-Y_n）。船舶实体延迟10小时后才开始运行，按照船舶实体实钟向前推进。按上述方式设计两套时钟机制，主要目的在于可提前10小时获得所有上下行超宽船舶信息，从而可

对需要在管制期间通过北槽航道的船舶进行预先安排，获得管制期间超宽船舶通行名单，以此模拟超宽船舶预申报机制。

2. 考虑潮汐影响的南槽航道大小船通航组织策略建模

南槽航道目前水深为 6 米，双向两线通航，二期工程建成后，将可能出现 5000 吨以下小船全天三线通航，1 万～2 万吨大船在高潮位两线通航的情况。为保证船舶都能安全通过南槽航道，可能实施"大船优先"或"随到随走"两种通航组织策略，以下对两种策略进行建模分析。

（1）"大船优先"策略

在"大船优先"策略下，南槽航道高潮位时大船优先通行，当大船密度较小尚有通航空间时，小船也可通行；非高潮位时，大船需等待，而小船则可直接通行。高潮位时，南槽航道上下行方向均两线通航；非高潮位时，南槽航道上下行方向均三线通航。南槽航道"大船优先"策略对应的通航逻辑模型如图 6-6 所示。

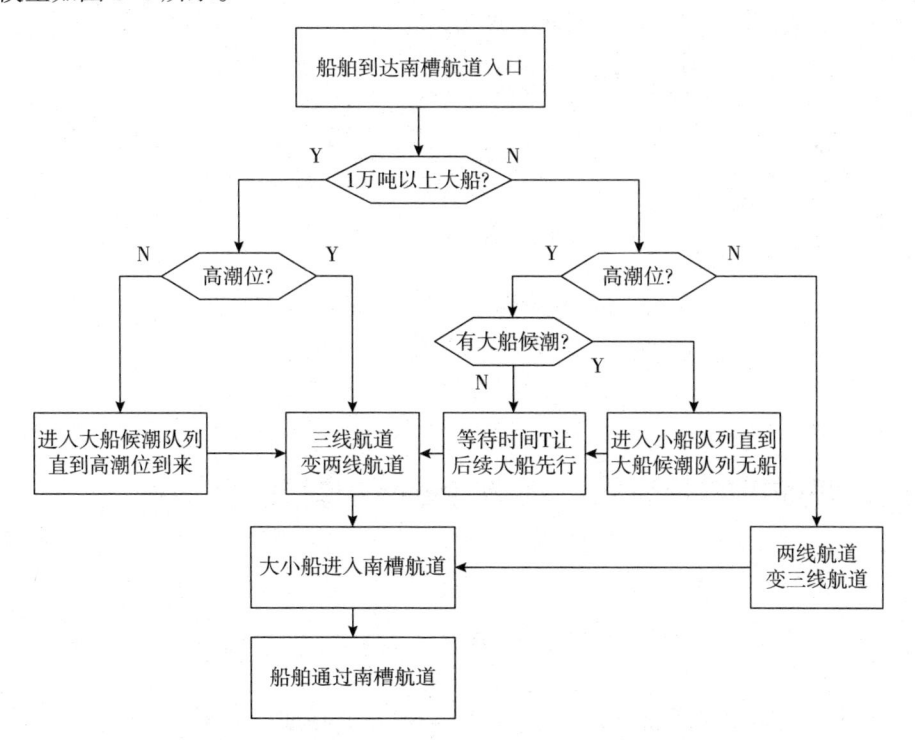

图 6-6 南槽航道"大船优先"策略通航逻辑模型

（2）"随到随走"策略

在"随到随走"策略下，高潮位时，大小船均可通行；非高潮位时，大船需等待，而小船则可直接通行。高潮位时，南槽航道上下行方向均两线通航，非高潮位时，南槽航道上下行转为三线航道。具体通航逻辑如图6-7所示。

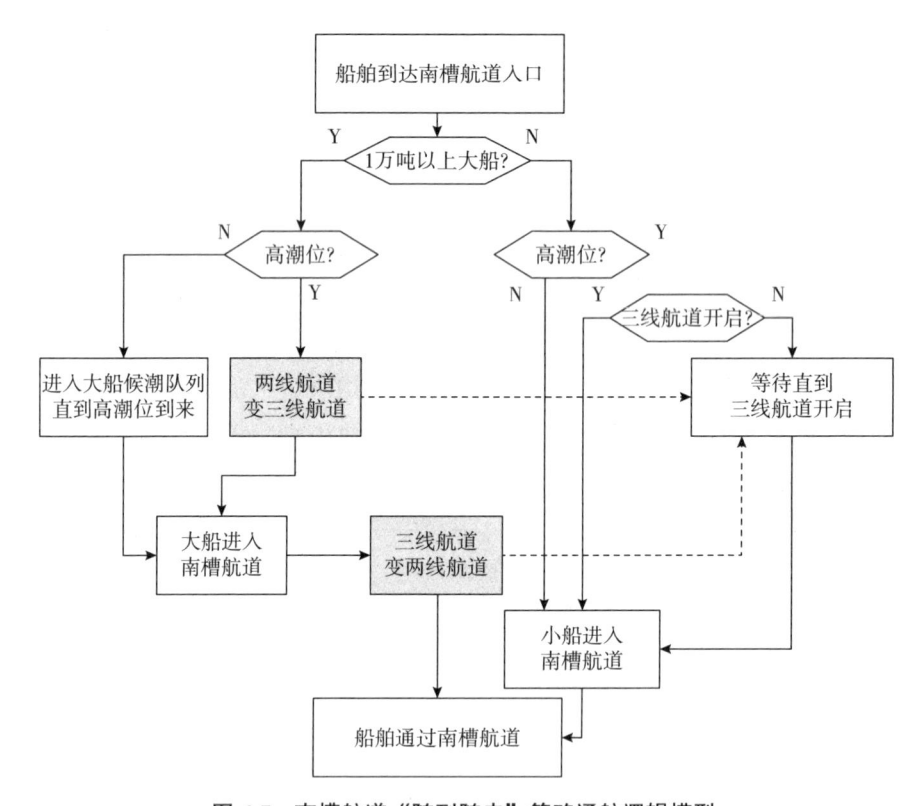

图 6-7 南槽航道"随到随走"策略通航逻辑模型

三、考虑特殊船型管制规则的通航仿真关键技术

1.考虑邮轮、集装箱超宽船会遇约束的航道通航建模

基于上述船舶通航分析可见，长江口潮汐、通航管理部门管制政策和超

宽船舶（指将要或正在航行于北槽航道的）等三个因素，是影响船舶是否进入和何时进入北槽航道的关键要素。上述三个因素对船舶通行北槽航道的影响，如图6-8所示。

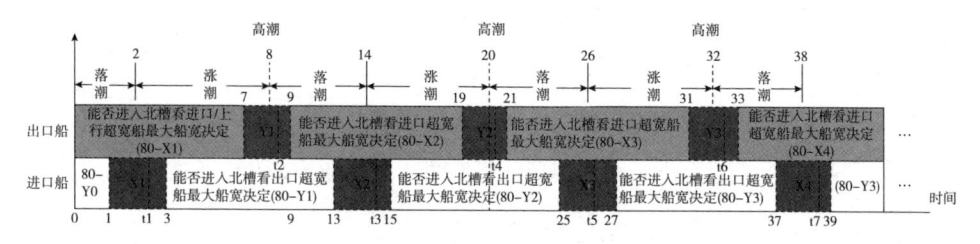

图6-8 潮汐、管制及超宽船船宽对仿真模型影响分析

在图6-8中，假设从0点时刻开始观察，到第8小时开始最高潮，再每隔12小时出现高潮，每两个高潮之间为6小时的落潮阶段和6小时的涨潮阶段。深灰色区域表示给予超宽船的最长通行时间区间，t_n表示在通航管制期间最后一艘进口／出口（上行／下行）超宽船开始进入北槽航道的时刻。X_n（n=1,2,…）表示在北槽航道进口超宽船（上行超宽船）最大船宽；Y_n（n=1,2,…）表示在北槽航道中出口超宽船（下行超宽船）最大船宽。浅灰色区域表示非超宽的出口船（下行船）能否进入北槽航道，取决于其船宽是否大于80-X_n，若下行船船宽小于80-X_n则可以进入北槽航道，否则不能（此时北槽下行航道关闭）。白色区域表示非超宽的进口船（上行船）能否进入北槽航道，取决于其船宽是否大于80-Y_n，若上行船船宽小于80-Y_n则可以进入北槽航道，否则不能（此时北槽上行航道关闭）。

2. 考虑航行安全管控的北港航道LNG船通航组织策略建模

根据沿海LNG船舶通航规则设计了如图6-9、图6-10所示的北港航道船舶通航流程。以上行船舶通航流程为例，如图6-9所示，按照下述逻辑步骤对要经过北港航道的所有上行船舶进行控制。

①流程开始，上行船舶到达北港航道上行入口，设为当前船舶；
②检查当前船舶类型；
③若当前船舶为LNG船舶，转下一步，否则转（16）；

④立即关闭北港航道上、下行船舶通道，开始清空北港航道；

⑤若北港航道无船舶通行，则转（10），否则转下一步；

⑥若北港航道上行方向有LNG船舶通行（10），否则转下一步；

⑦若北港航道下行方向有LNG船舶通行，转下一步，否则转（10）；

⑧上行LNG船舶等待直到北港航道清空；

⑨统计上行LNG船舶等待时间及排队长度；

⑩打开北港航道上行LNG船舶通道，关闭下行LNG船舶通道；

⑪设置上行LNG船舶安全间距及航速；

⑫上行LNG船舶驶入北港航道，通行开始；

⑬上行LNG船舶驶出北港航道，通行结束；

⑭若北港航道上、下行均无LNG船舶等待且北港航道中无LNG船舶航行，则转下一步，否则转（20）；

⑮关闭北港航道上行LNG船舶通道，打开北港船舶上、下行其他船舶通道，转（20）；

⑯若北港航道上行其他船舶通道打开，则转下一步，否则转（18）；

⑰上行其他船舶进入北港航道通行，转（20）；

⑱上行其他船舶等待直到北港航道其他船舶上行通道打开；

⑲统计上行其他船舶等待时间及排队时间；

⑳若还有下一条船舶到达，则转（1），否则流程结束。

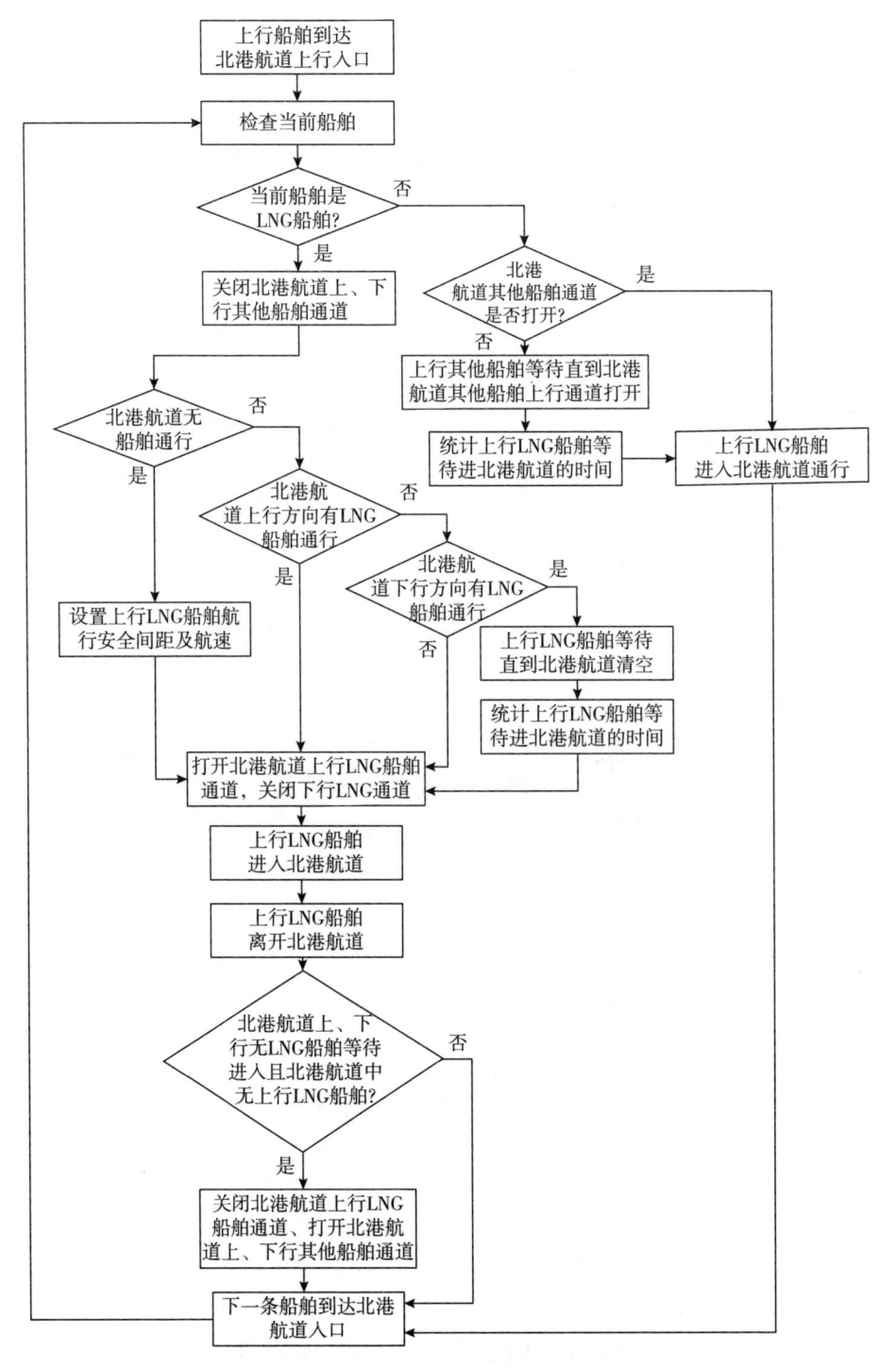

图 6-9　北港航道上行通航组织策略逻辑模型

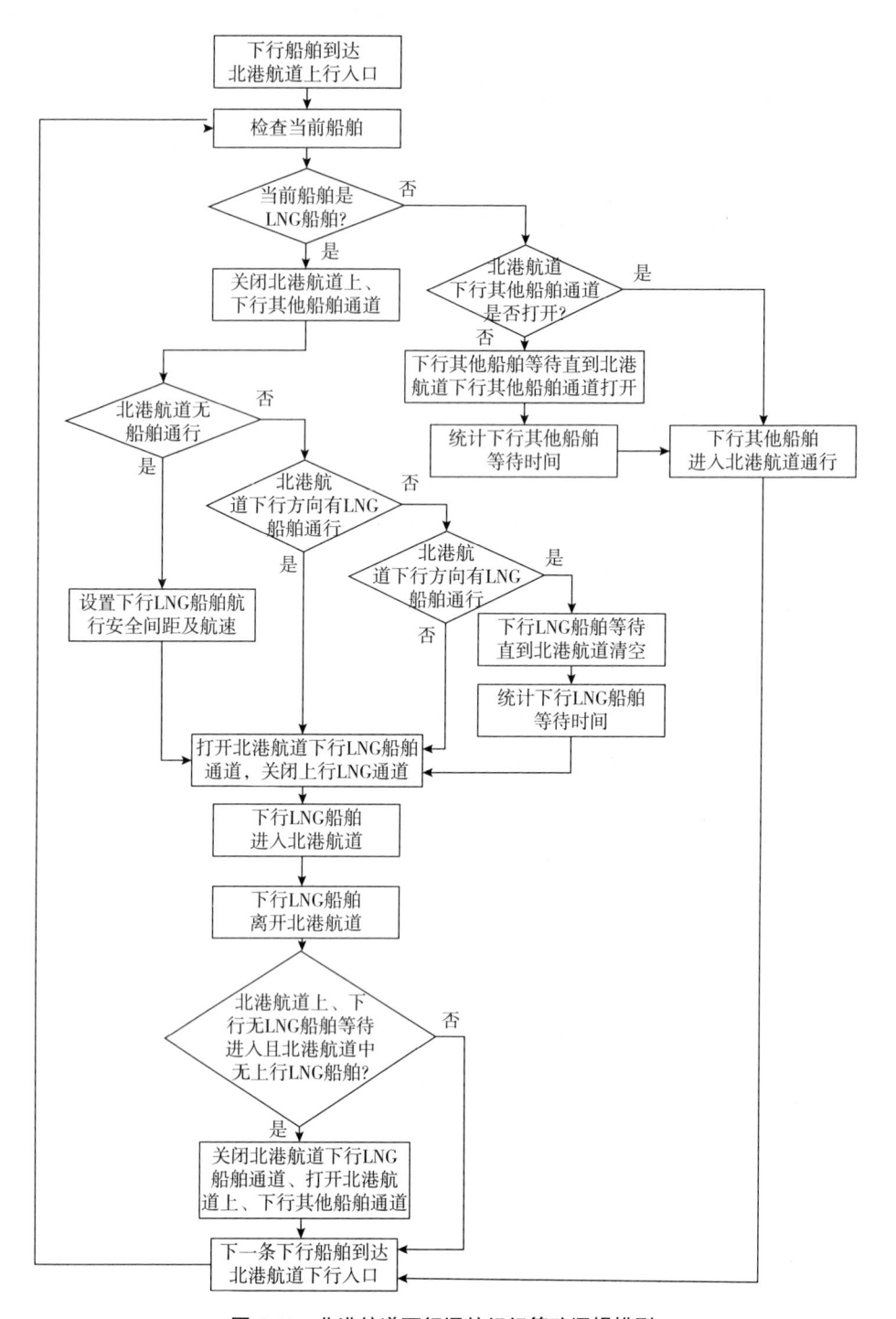

图 6-10 北港航道下行通航组织策略逻辑模型

第四篇　实践篇

　　本篇主要介绍仿真建模的设计及构建、仿真实验及结果分析。第七章长江口航道通航仿真模型设计及构建，提出了仿真平台的选择考虑、主要模块的设置。第八章仿真实验及结果分析，对长江口南槽二期建设不同尺度多工况进行了实验分析。

第七章 长江口航道通航仿真模型设计及构建

一、总体设计

1.仿真平台考虑

本次长江口仿真平台选择 Arena 软件，主要考虑以下几点。

一是该软件特点适合长江口航道通航特点。长江口航道通航系统具有典型的离散时间系统的排队特点，Arena 软件正适合用于模拟离散连续混合系统，且广泛用于交通、港航仿真建模工作当中。

二是该软件拥有灵活的建模体系和丰富的资源库。Arena 支持从底层语言到高级模板的多种建模方式，用户可以根据需要选择最合适的建模方法，从而提高建模的灵活性和效率。同时，内置了近 300 个封装好的逻辑模块，覆盖多个领域，满足了不同层次建模的需求。

三是该软件易于调试且拓展性强。Arena 的数据输入、输出以及模型调试等功能非常友好稳定，这使得模型的调试和优化更加简便。此外，Arena 可以与通用过程语言，如 VB、Fortran、C/C++ 等编写的程序连接运行，这大大增强了它的适用范围和灵活性。

2. 主要功能模块

针对选择的平台（Arena）软件，基于航道通航规则，考虑潮汐、管制及码头服务等，结合长江口航道排队系统的特点及本次研究需求，长江口航道适应性仿真模型由"船舶生成、航道交通、通航管控、码头服务、潮汐生成、数据统计"等6个模块组成。各模块间的关系如图7-1所示。

"船舶生成"模块生成船舶后，上行船舶（实体）即进入航道，触发船舶到达事件；随后船舶（实体）接受航道服务系统的处理，其中会受到通航管控模块和潮汐生成模块的控制或影响，前者决定哪些船舶实体进入北槽、南槽或北港航道，后者决定船舶实体趁潮通过南北槽航道的时间；码头服务模块处理船舶实体经停码头的靠泊、装卸及离泊服务过程，决定船舶实体离开和返回航道的时间。当船舶（实体）经过上述模块的处理后，通过长江口航道到达系统终点，即发生船舶离开事件，意味着船舶实体将离开系统；数据统计模块记录和统计所有生成和离开系统的船舶实体的属性数据和船舶流量及货运量汇总数据。

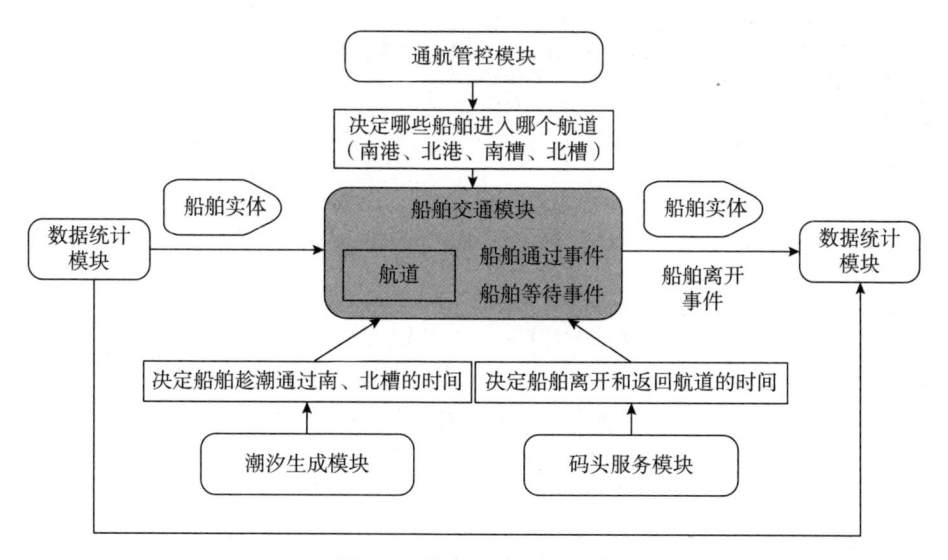

图7-1 仿真系统总体设计

二、典型模块

1. 船舶生成模块

（1）海船生成（上行进入长江口，至港口作业后折返出长江口）

如图 7-2 所示，船舶生成模块分别生成 LNG 船、邮轮、洋山到外高桥的集装箱船舶、洋山到江苏的集装箱船舶、宁波到长江沿岸的船舶、外海到长江沿岸的船舶和通州湾到长江沿岸的船舶等 7 类上行船舶。

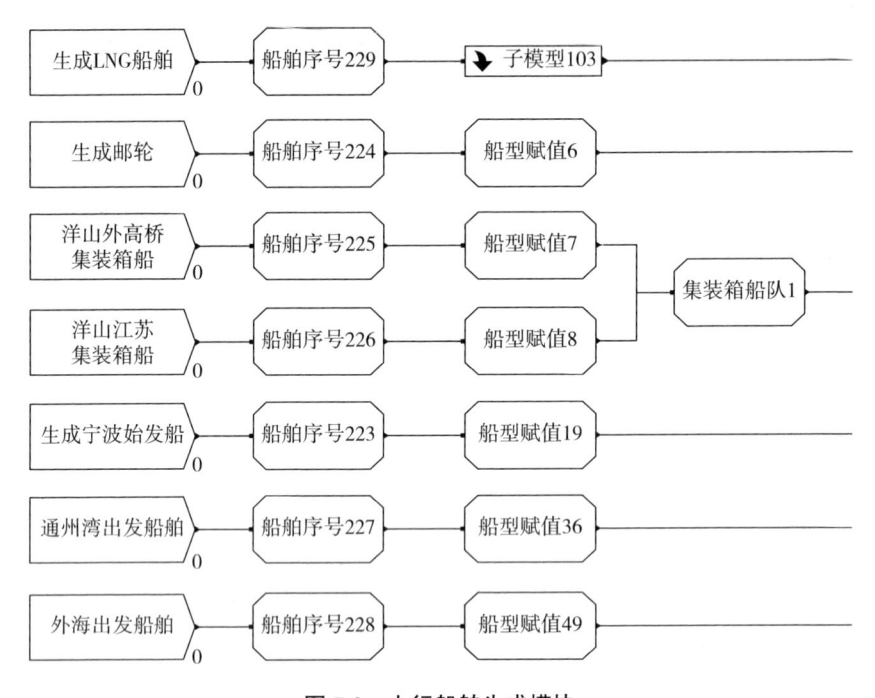

图 7-2 上行船舶生成模块

（2）江船生成（下行至罗泾、黄浦江、外高桥码头折返，以及海工设备出长江口）

如图 7-3 所示，船舶生成模块生成海工船、江苏到外高桥的集装箱船舶、江苏到罗泾的散货船舶、江苏到黄浦江码头的船舶等共四类下行船舶。

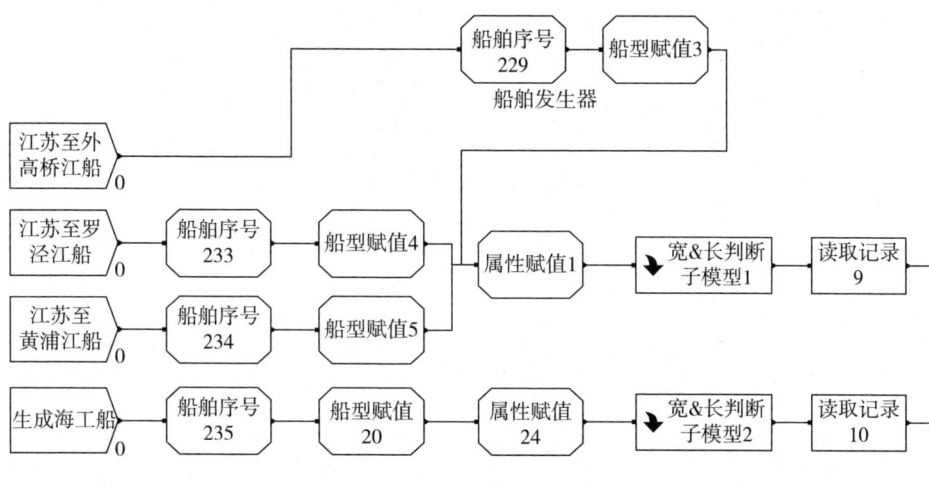

图 7-3 下行船舶生成模块

2. 北槽航道通航管制模块

通航管制模块根据北槽对船舶的吃水限制、船舶种类等管制规定，筛选出允许进入北槽的船舶信息，然后计算这些船舶预计到达北槽入口的时间，根据该时间先后、该时间是否在申报时间内以及一次可通行船舶最大数量来判断其是否可进入北槽超宽船舶通行编组名单，同时记录并更新将通行北槽航道的超宽船最大船宽。基于两套时钟机制的设计，为实现北槽超宽船预申报流程逻辑，在仿真中提前对还未到达北槽下游入口的上行超宽船按其预计到达入口时间进行排序、限量通过等处理，以获得每一个窗口期间可以通过的超宽船编组名单。上行船舶和下行船舶的通航管控机制仅对海船有效，因为只有海船才会通过北槽航道。上、下行船舶通航管控机制相同，但预申报信息的地点不同。所有上行船舶在海船生成时即向海事机构发送信息；所有下行海船都是发往长江沿岸的上行海船返回时转变而来，因这些海船停靠的码头不同，因此设定在不同地点收集下行海船信息以供北槽管控。

按照上述过程，将通航管控模块分为超宽船编组、非超宽船管控、超宽船时间窗控制、非超宽船限宽更新四个部分，如图 7-4 至图 7-7 所示。

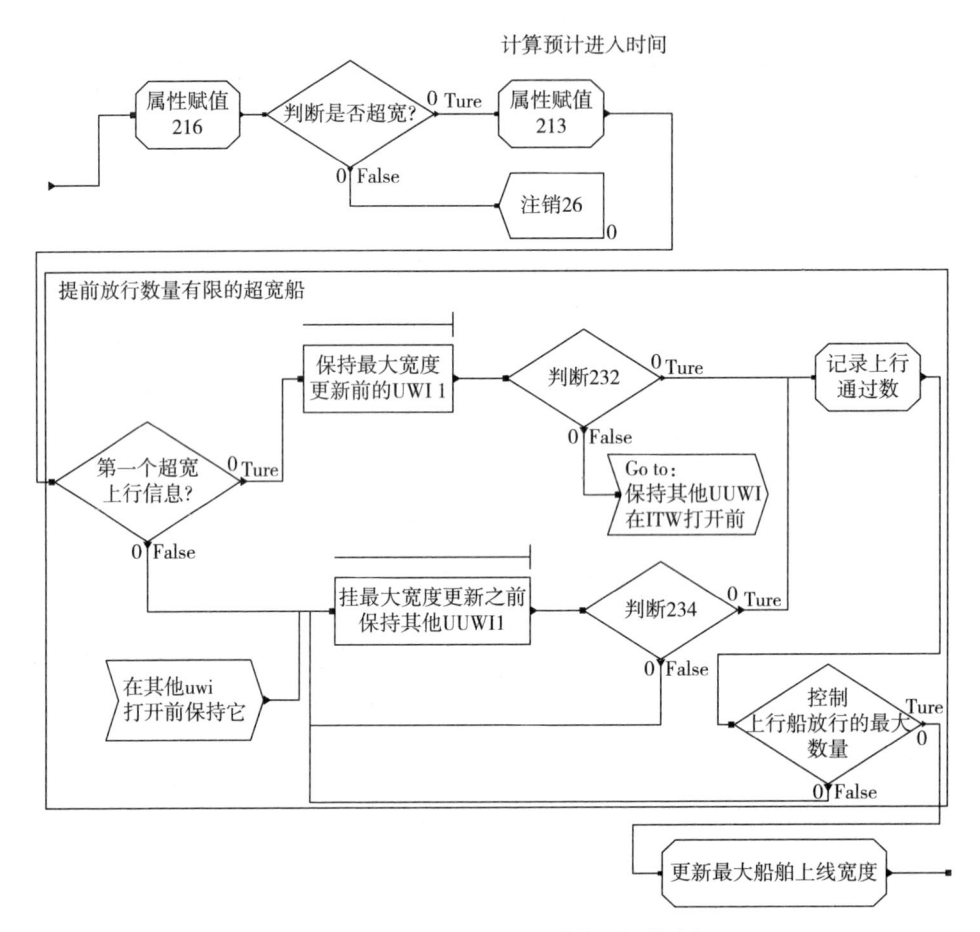

图 7-4　北槽航道超宽船编组模块（提前放行）

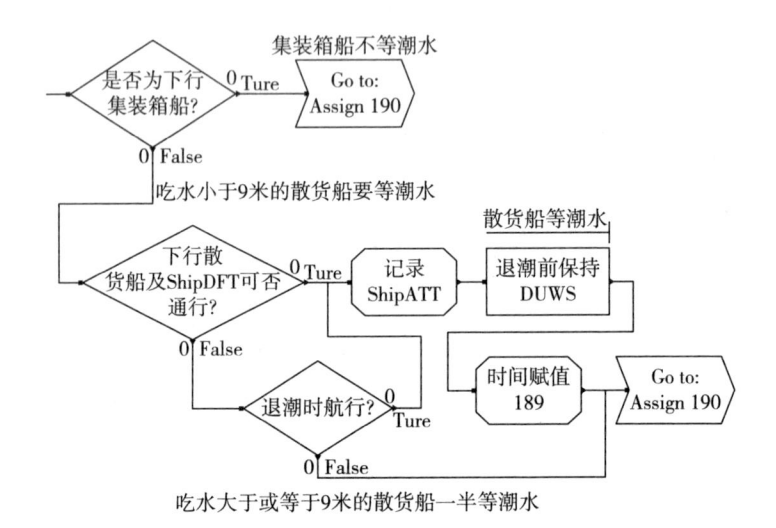

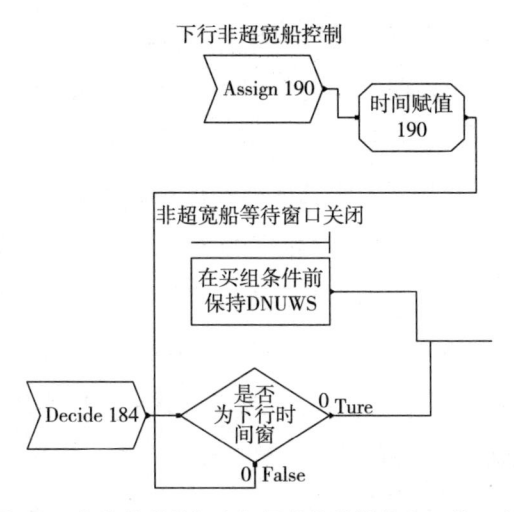

图 7-5 北槽航道非超宽船通航管控模块（只截一半）

打开或关闭超宽船的时间窗口

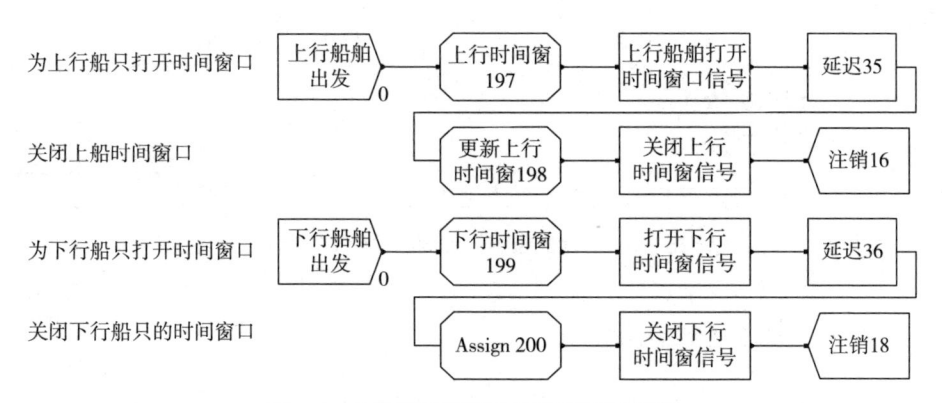

图 7-6 北槽航道超宽船时间窗控制模块

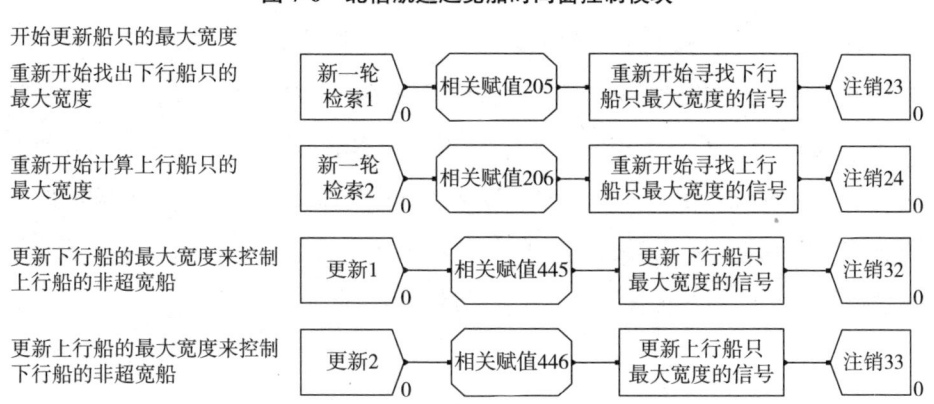

开始更新船只的最大宽度
重新开始找出下行船只的最大宽度
重新开始计算上行船只的最大宽度
更新下行船的最大宽度来控制上行船的非超宽船
更新上行船的最大宽度来控制下行船的非超宽船

图 7-7 北槽航道非超宽船限宽更新模块

根据长江口航道上行船舶通行流程，上行超宽船时间窗与下行超宽船时间窗交替开放。若每个周期按 24 小时计算，则上行超宽船通行管制窗口与下行超宽船通行管制窗口均间隔 12 小时开放一次。上、下行超宽船分别只能在上、下行超宽船时间窗内按编组名单进入北槽航道航行。对下行超宽船，根据其到达先后，在上行超宽船时间窗开放期间，与来自上行船舶信息处理模块生成的管制期超宽船舶可通行名单进行匹配，匹配成功者则直接进入北槽航道通行。若其到达时未到上行超宽船通行窗口开放时间，则等待直至窗口开放；若未与可通行名单匹配成功，则等待直至匹配成功，下行船舶亦然。上、下行船舶按编组名单匹配进入北槽的模型细节如图 7-8 所示。

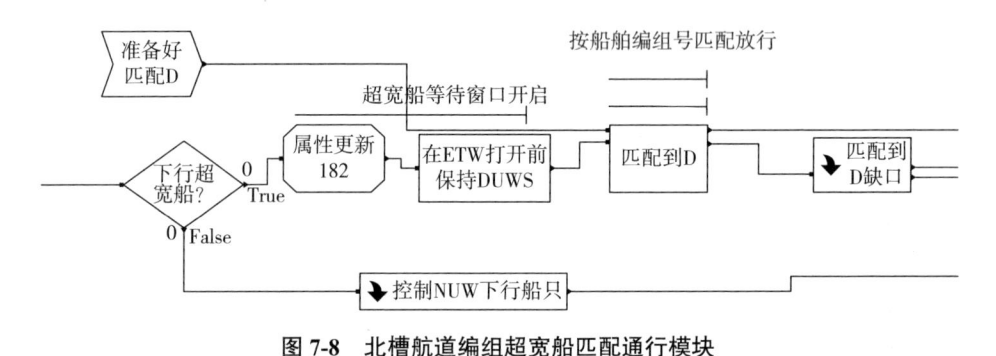

图 7-8　北槽航道编组超宽船匹配通行模块

3. 南槽航道通航组织模块

南槽航道按"大船优先"或"随到随走"策略组织大小船通航。对于"大船优先策略"，按照逻辑模型流程，代表 5000 吨小船和 1 万 ~2 万吨大船的仿真实体将分别根据不同情况进入相应的路径，大船需乘潮通行，而小船可全天通行。为了便于仿真运行，设置变量 NCControl，当 NCControl=1 时，南槽航道仿真模块按"大船优先"策略运行；NCControl=2 时，南槽航道仿真模块按"随到随走"策略运行。此外，还采用如时间窗模块来控制南槽航道大船通行时间及各方向双线与三线航道的切换，如图 7-9 所示。

图 7-9 南槽航道时间窗控制模块

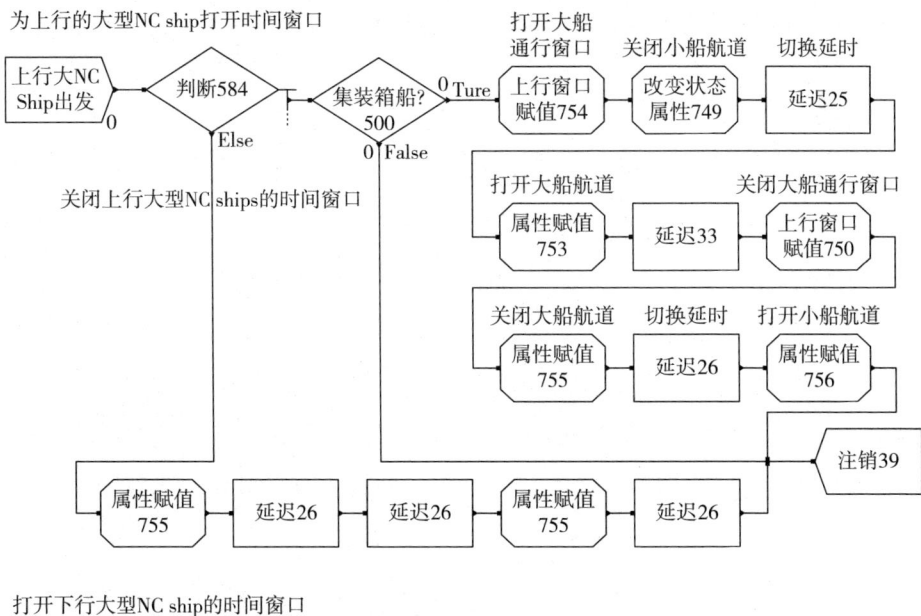

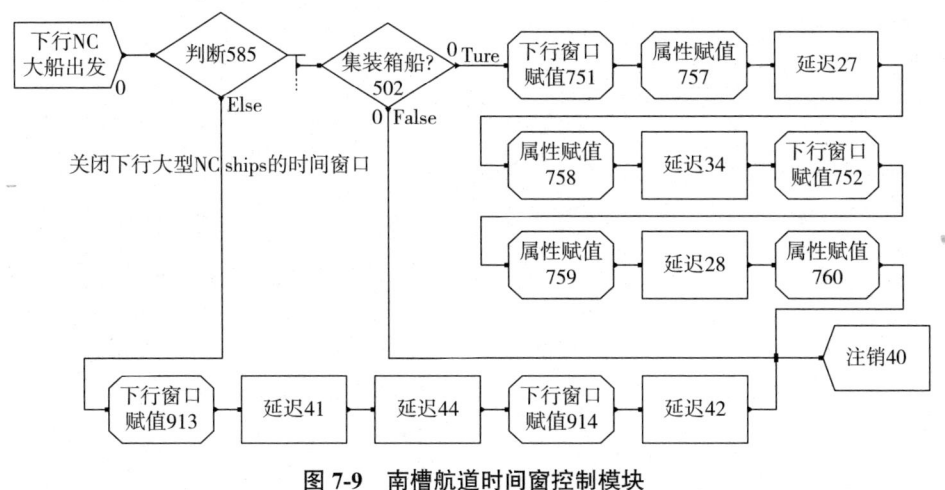

4. 港口码头服务模块

在从浏河口至南北槽航道入海口的长江口航道上，分布有罗泾散货码头、吴淞口国际邮轮码头、长兴岛海工码头、外高桥集装箱码头等多个码头，此外还考虑从洋山、宁波舟山、外海及通州湾等地开往江苏及以上港口的船舶在途中航行及在码头停留的可能，因此建立港口码头服务仿真模块，模拟处理船舶离开航道停靠码头后再返回航道的过程。

5. 各航道船舶通行模块

该模块仿真模型包括以下部分。

（1）北槽航道船舶通行模块

如图7-10所示，模型中，在北槽航道上行和下行方向上各设置四个观测点，分别位于北槽航道上/下行入口处、沿上/下行方向北槽航道1/3长度处、沿上/下行方向北槽航道2/3长度处及出口处。将观测点视为资源，上行船舶经过上述观测点时需要排队使用资源，以计算船舶通过航道时间，因此可计算资源占用率，并将其作为相应观测点处的航道利用率。

（2）南槽航道船舶通行模块

在南槽航道上行和下行方向上各设置两个观测点，分别位于南槽航道上/下行入口处及出口处，模型如图7-11所示。

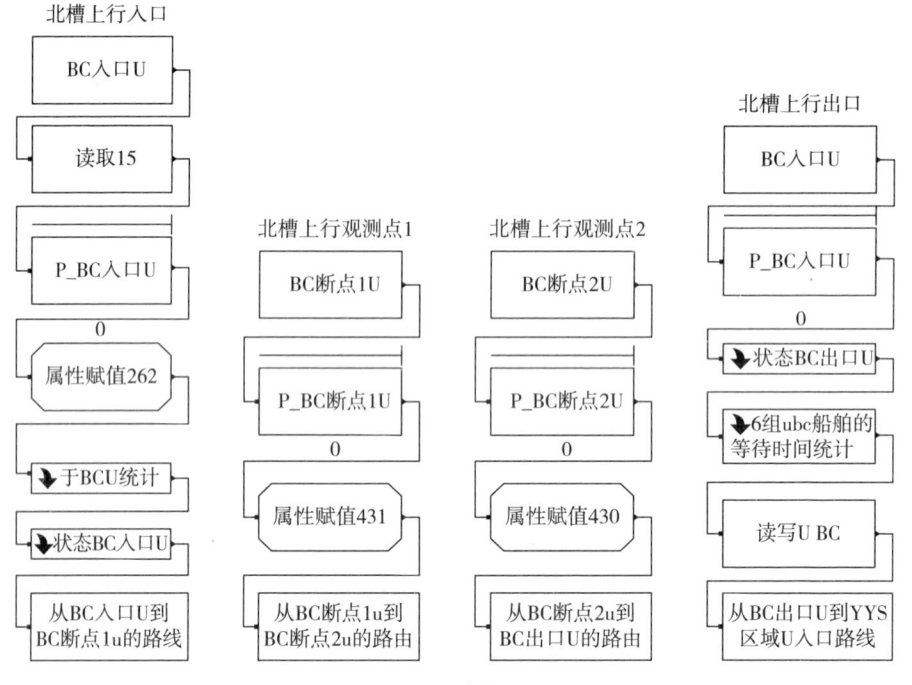

a. 上行方向

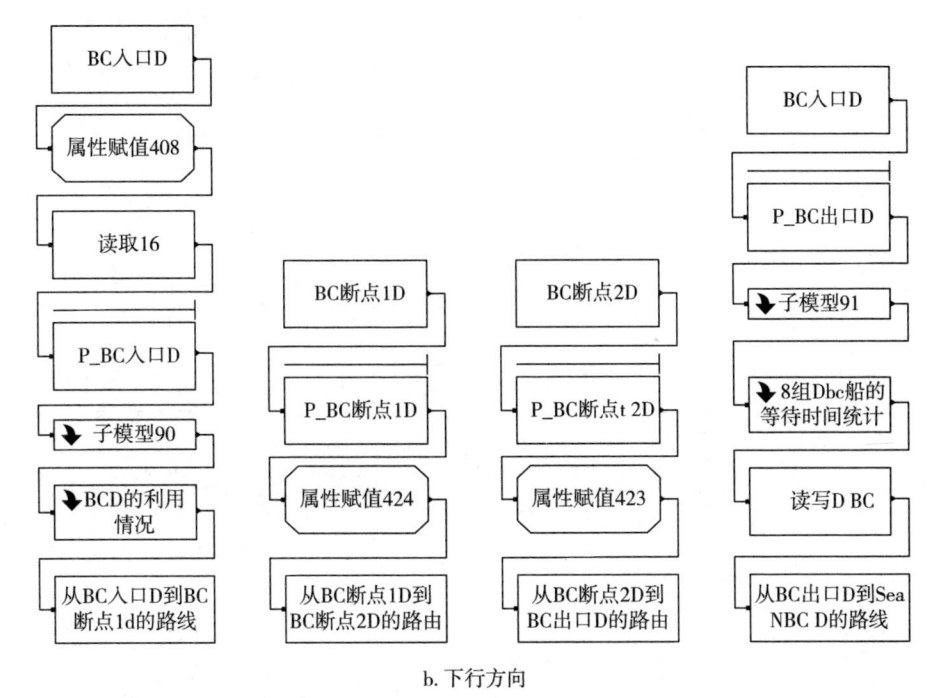

第七章 长江口航道通航仿真模型设计及构建 73

b. 下行方向

图 7-10 船舶通行北槽航道部分仿真模型

（3）南港航道船舶通行模块

在南港航道上行和下行方向上各设置两个观测点，分别位于南槽航道圆圆沙警戒区上/下行入口处及出口处、吴淞警戒区上/下行入口处及出口处，另外在南港航道上行出口处（下行入口处）设一观测点，因此南港航道共设观测点五处，仿真模型如图 7-12 所示。

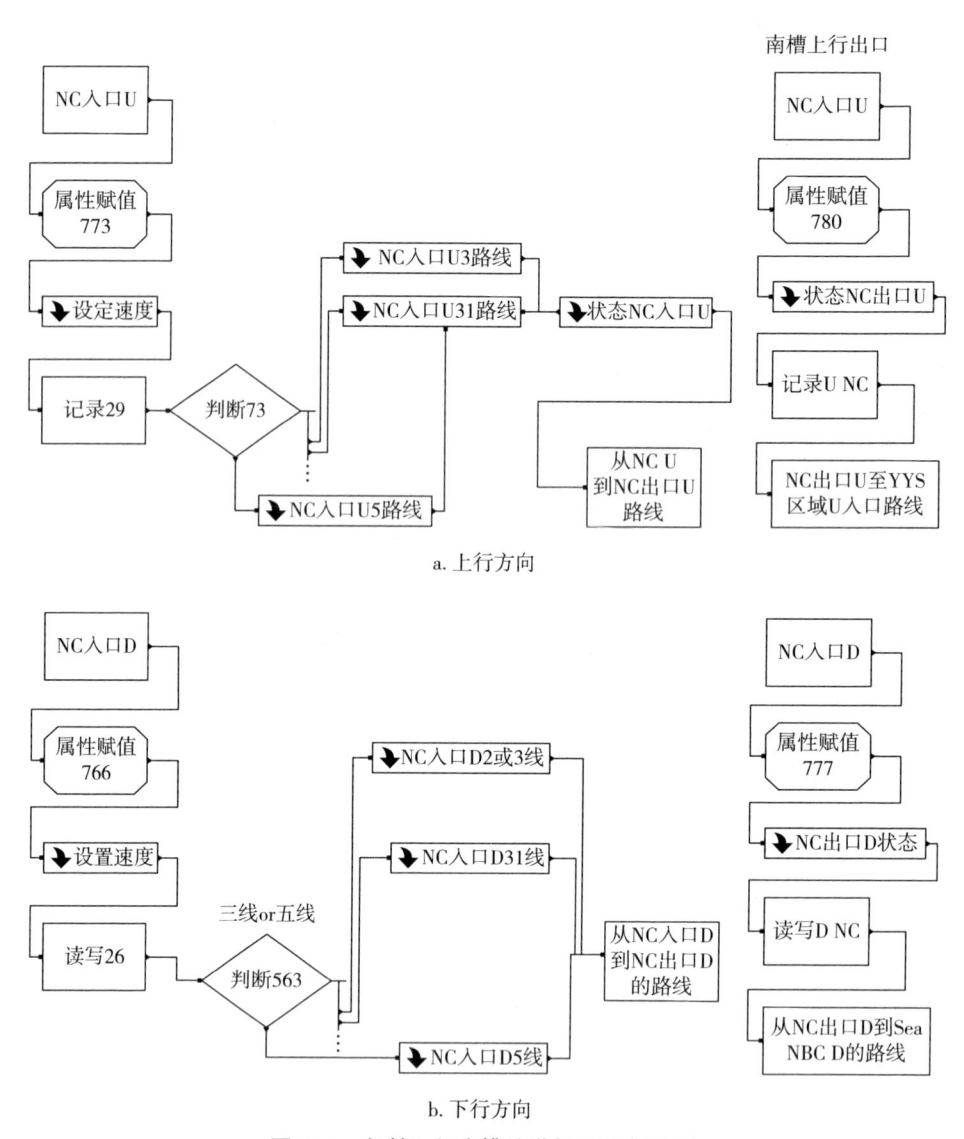

图 7-11　船舶通行南槽航道部分仿真模型

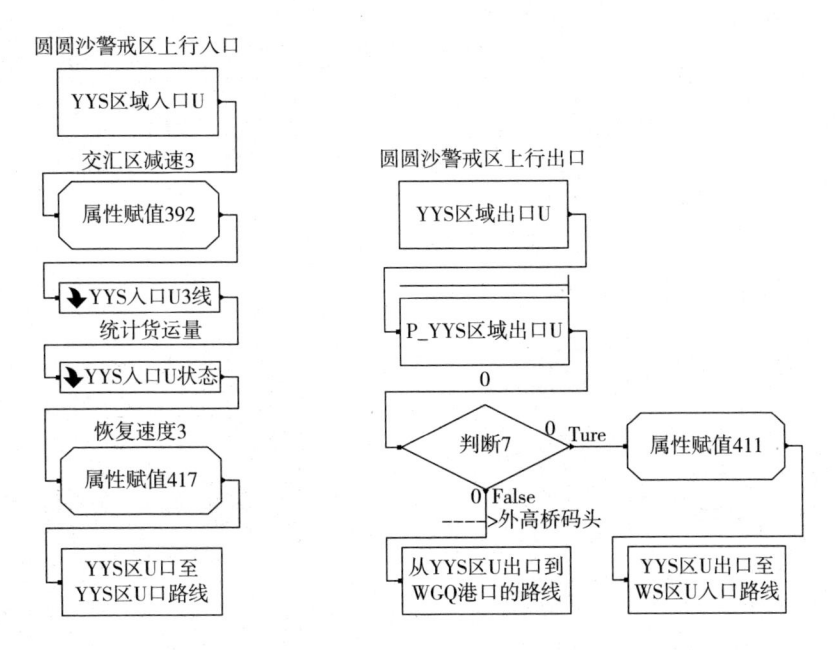

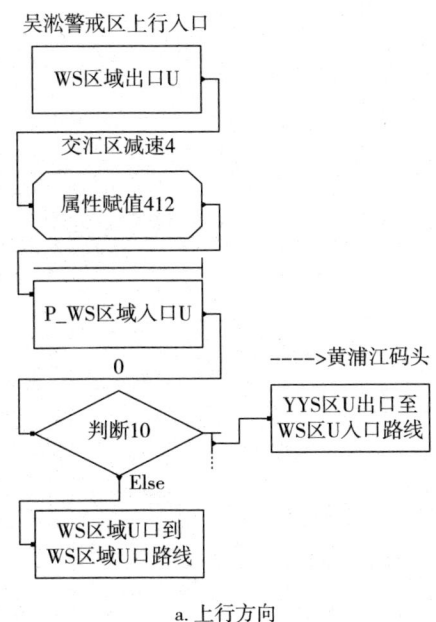

a. 上行方向

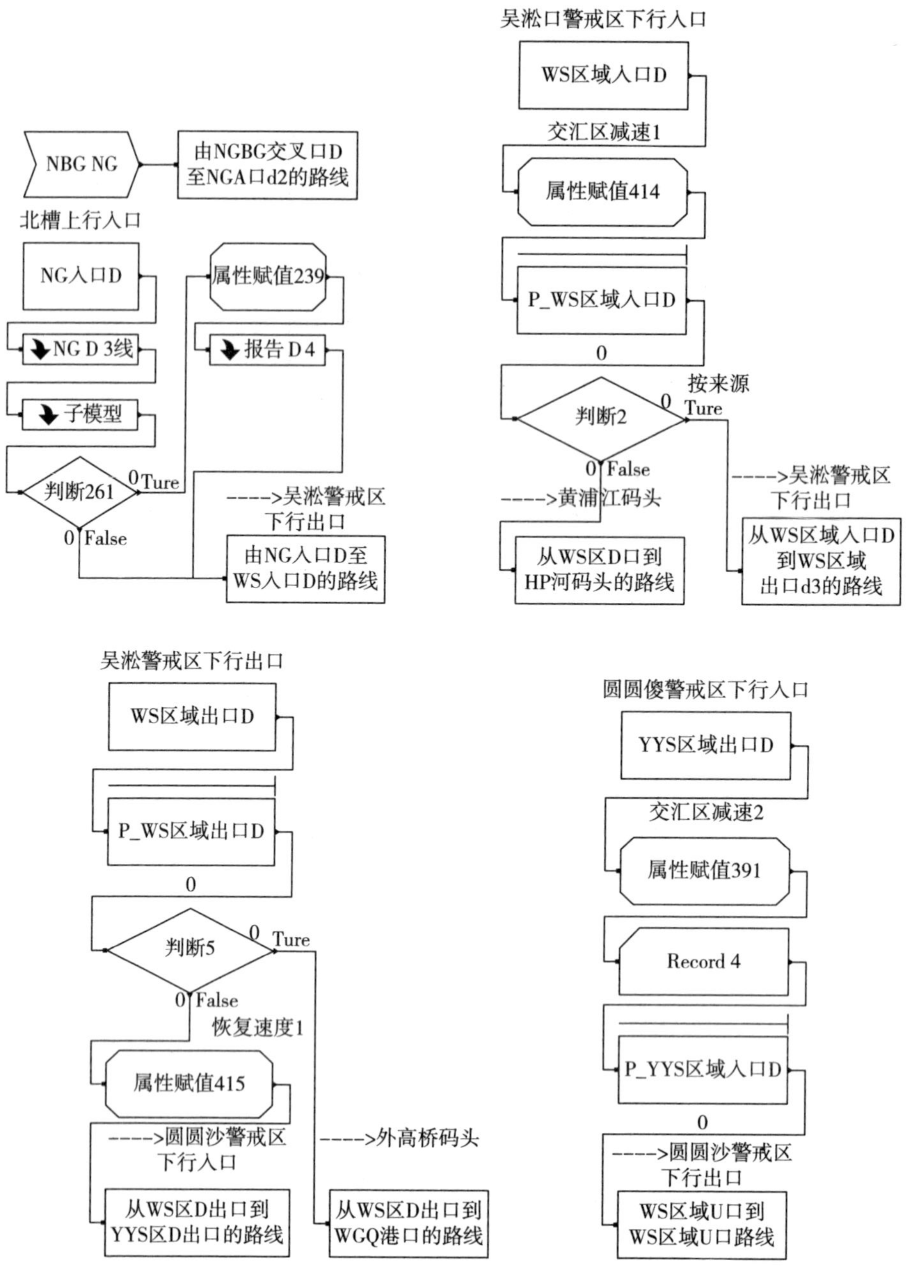

b. 下行方向

图 7-12　船舶通行南港航道部分仿真模型

第七章　长江口航道通航仿真模型设计及构建

（4）船舶通行北港航道

北港航道部分仿真模型见图 7-13。

a. 上行方向

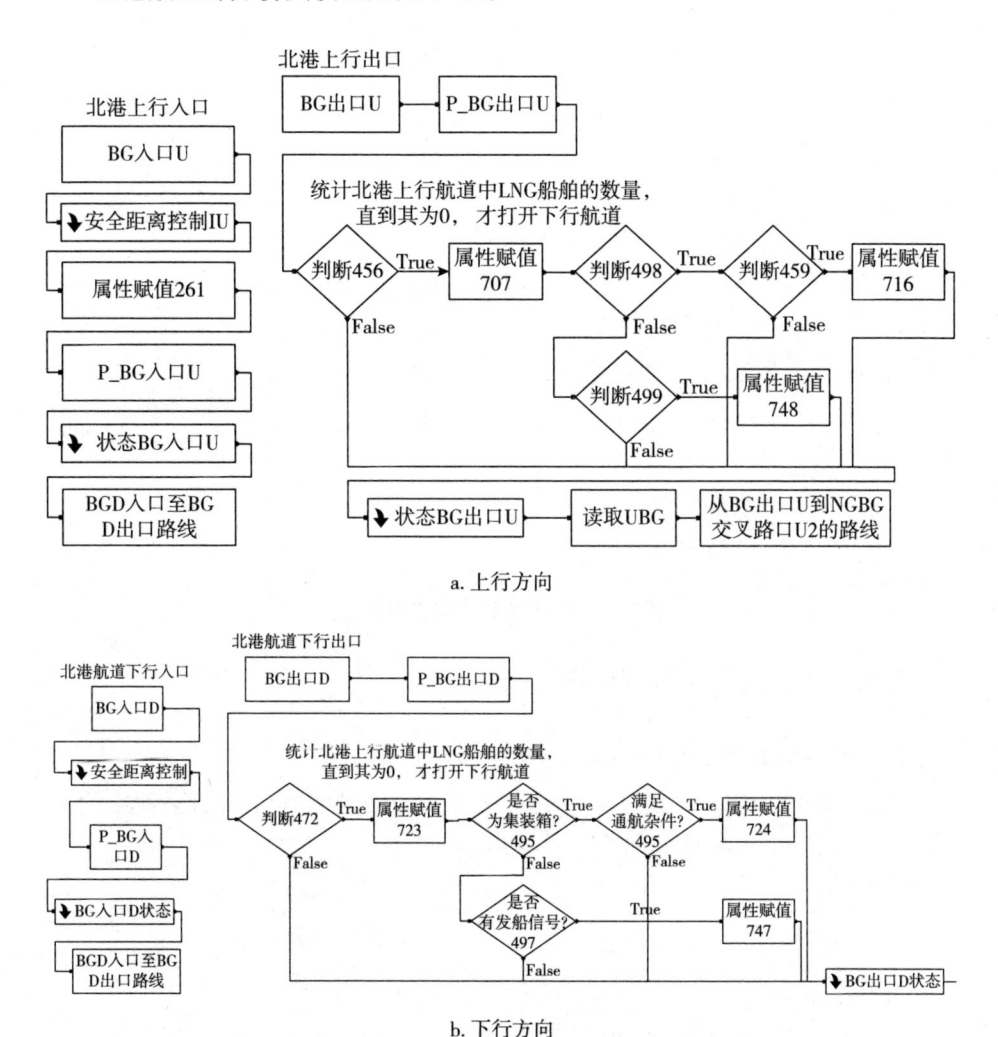

b. 下行方向

图 7-13　船舶通行北港航道部分仿真模型

6. 仿真数据统计模块

仿真数据统计模型见图 7-14.

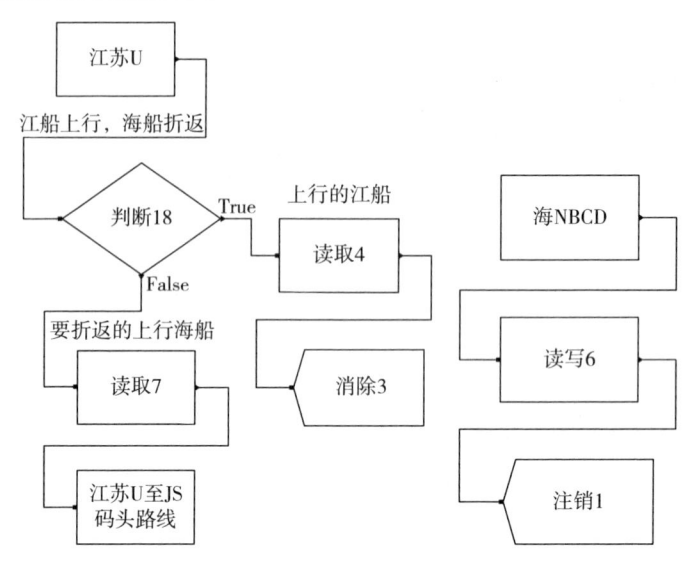

图 7-14　数据统计模块仿真模型

7. 仿真参数设置与动画界面

仿真参数设置界面见图 7-15，图 7-16。

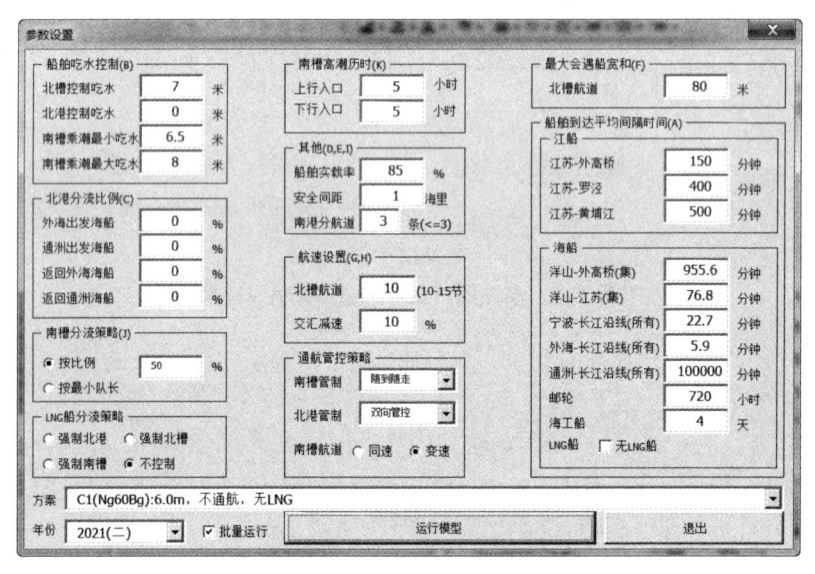

图 7-15　仿真参数设置界面

第七章 长江口航道通航仿真模型设计及构建

长江口航道适应性仿真

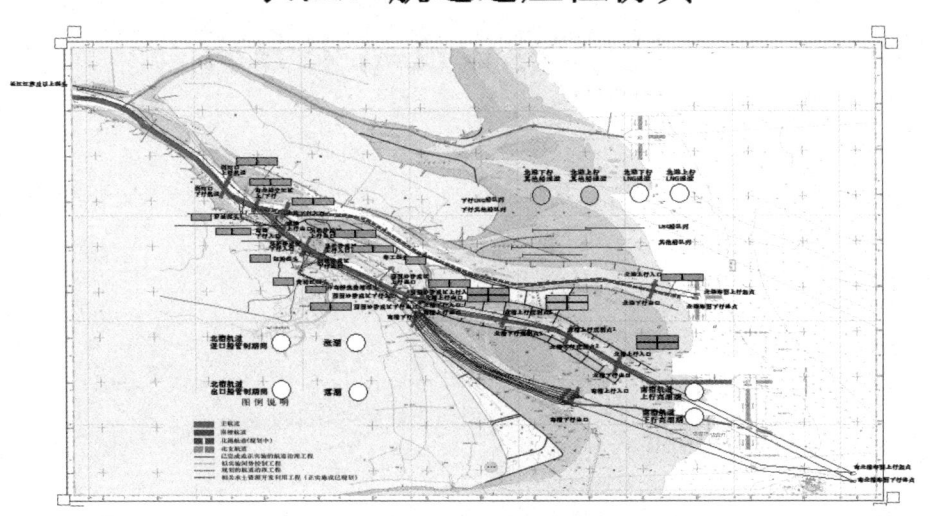

图 7-16 仿真动画界面

第 八 章　仿真实验及结果分析

一、仿真模型验证

根据2021年长江口南、北槽等航道船舶流量、货物流量流向等实际数据与仿真结果对比见表8-1，分吨级船舶流量实际数据与仿真结果对比如表8-2。

表8-1　2021年长江口航道船舶流量及货运量实际数据与仿真结果对比

对比项	断面	全年船舶流量（艘） 上行	下行	合计	全年货运量（亿吨）
实际数据	北槽断面	37586	30753	68339	12.10
	南槽断面	81267	88392	169659	4.40
	合计	118853	119145	237998	16.50
仿真结果	北槽断面	37829	30573	68402	13.32
	南槽断面	81578	88020	169598	3.04
	合计	119407	118593	238000	16.37

表8-2　2021年长江口航道分吨级船舶流量实际数据与仿真结果对比

对比项	1万t以下	1万~2万t	2万~3万t	3万~5万t	5万~7万t	7万~10万t	10万~20万t	>20万t	合计
实际数据	144188	37503	24091	23829	2867	3203	1211	1106	237998
仿真结果	156861	19063	11778	35468	5350	5965	596	2919	237831

由表8-1可见，仿真得到的长江口总货运量与现状相近，船舶流量也与

现状高度吻合，误差在 1.5% 以内。总体上，仿真结果基本能够反映长江口航道通航状况，说明模型逻辑结构合理，参数设置合理。

二、长江口航道多场景多工况仿真实验设计

根据长江口航道现状及面临的形势要求，在北槽航道和南港航道维持现状通航标准情况下，考虑2030、2035年运输需求，同时考虑南槽航道可能进一步浚深到 7.2 米、7.5 米复式、8 米复式以及北港通航开通 7 米、10 米航道等，共设计了 4 类航道开发场景下的 22 种不同方案，多场景多工况仿真实验方案如表 8-3 所示，各方案的仿真实验结果见附录 3。

表8-3　　　　　　　　多场景多工况仿真实验方案设计

场景编号	方案编号	南槽航道水深（m）	南槽航道线数	南槽航道项目	北港航道是否开通	北港航道水深（m）	北港航道项目
A	2030–A1	6	2	无	否	0	无
	2035–A2	6	2	无	否	0	无
B	2030–B1	7.2	3	7.2 米	否	0	无
	2035–B2	7.2	3	7.2 米	否	0	无
	2030–B3	6+7.5	2+1	6+7.5 米复式	否	0	无
	2035–B4	6+7.5	2+1	6+7.5 米复式	否	0	无
	2030–B5	6+8	2+1	6+8×400 米复式	否	0	无
	2035–B6	6+8	2+1	6+8×400 米复式	否	0	无
	2030–B7	6+8	1+2	6+8×250 米复式	否	0	无
	2035–B8	6+8	1+2	6+8×250 米复式	否	0	无
C	2030–C1	7.2	3	7.2 米	是	7	7 米
	2035–C2	7.2	3	7.2 米	是	7	7 米
	2030–C3	6+7.5	2+1	6+7.5 米复式	是	7	7 米
	2035–C4	6+7.5	2+1	6+7.5 米复式	是	7	7 米
	2030–C5	6+8	2+1	6+8×400 米复式	是	7	7 米
	2035–C6	6+8	2+1	6+8×400 米复式	是	7	7 米
	2030–C7	6+8	1+2	6+8×250 米复式	是	7	7 米
	2035–C8	6+8	1+2	6+8×250 米复式	是	7	7 米

续表

场景编号	方案编号	南槽航道水深（m）	南槽航道线数	南槽航道项目	北港航道是否开通	北港航道水深（m）	北港航道项目
D	2035-D1	7.2	3	7.2 米	是	10	10 米
	2035-D2	6+7.5	2+1	6+7.5 米复式	是	10	10 米
	2035-D3	6+8	2+1	6+8×400 米复式	是	10	10 米
	2035-D4	6+8	1+2	6+8×250 米复式	是	10	10 米

表 8-3 所示的多场景多工况方案含义如下：

（1）场景 A（无航道整治工程项目）：各航道维持现有通航条件，南槽航道 6×600 米，双向四线通航，取 2030 年和 2035 年两个水平年运输需求方案，分别编号为 A1、A2。

（2）场景 B（仅建设南槽航道二期工程）。

①南槽航道为 7.2×600 米及双向六线通航，取 2030 年和 2035 年水平年工况，分别编号为 B1、B2；

②南槽航道为复式航道，一线 6×100 米和两线 7.5×200 米，双向六线通行，取 2030 年和 2035 年水平年工况，分别编号为 B3、B4；

③南槽航道为复式航道，一线 6×100 米和两线 8×200 米，双向六线通行，取 2030 年和 2035 年水平年工况，分别编号为 B5、B6；

④南槽航道为复式航道，两线 6×75 米和一线 8×125 米，双向六线通行，取 2030 年和 2035 年水平年工况，分别编号为 B7、B8。

（3）场景 C（建设南槽航道二期工程和北港二期工程）：

①南槽航道为 7.2×600 米及双向六线通航，北港航道水深 6 米且两线通航，取 2030 年和 2035 年水平年工况，分别编号为 C1、C2；

②南槽航道为复式航道，一线 6×100 米和两线 7.5×200 米，双向六线通行，北港航道水深 6 米且两线通航，取 2030 年和 2035 年水平年工况，分别编号为 C3、C4；

③南槽航道为复式航道，一线 6×100 米和两线 8×200 米，双向六线通行，北港航道水深 6 米且两线通航，取 2030 年和 2035 年水平年工况，分别编号为 C5、C6；

④南槽航道为复式航道，两线 6×175 米和一线 8×125 米，双向六线通行，取 2030 年和 2035 年水平年工况，分别编号为 C7、C8。

（4）场景 D（建设南槽航道二期工程和北港二期工程）：

①南槽航道为 7.2×600 米及双向六线通航，北港航道水深 10 米且两线通航，取 2035 年水平年工况，编号为 D1；

②南槽航道为复式航道，一线 6×100 米和两线 7.5×200 米，双向六线通行，北港航道水深 10 米且两线通航，取 2035 年水平年工况，编号为 D2；

③南槽航道为复式航道，一线 6×100 米和两线 8×200 米，双向六线通行，北港航道水深 10 米且两线通航，取 2035 年水平年工况，编号为 D3；

④南槽航道为复式航道，两线 6×175 米和一线 8×125 米，双向六线通行，取 2035 年水平年工况，编号为 D4。

三、各方案仿真结果分析

经过仿真，得到各方案仿真实验结果，以下对结果进行分析。

（1）场景 A

场景 A 中，2030-A1、2035-A2 两个方案的仿真实验结果，分别如表 8-4、表 8-5 所示。

表8-4　　　　　　　　方案2030-A1仿真结果

断面	全年船舶流量（艘）			全年货运量（亿吨）			断面利用率	
	上行	下行	合计	上行	下行	合计	上行	下行
北槽断面	53829	43255	97084	10.22	7.41	17.63	66.91%	53.84%
南槽断面	89121	98659	187780	1.38	1.93	3.31	59.61%	66.19%
南港断面	142939	142063	285002	11.60	9.38	20.97	69.96%	69.53%
北港断面	0	0	0	0.00	0.00	0.00	0.00%	0.00%

表8-5　　　　　　　　　方案2035-A2仿真结果

断面	全年船舶流量（艘）			全年货运量（亿吨）			断面利用率	
	上行	下行	合计	上行	下行	合计	上行	下行
北槽断面	59573	47938	107511	10.15	7.72	17.86	73.99%	59.62%
南槽断面	90208	100785	190993	1.43	1.96	3.39	60.35%	67.63%
南港断面	149773	148900	298673	11.57	9.71	21.28	73.22%	72.79%
北港断面	0	0	0	0.00	0.00	0.00	0.00%	0.00%

综合场景A两方案的仿真结果看，若长江口航道无项目，从2030年到2035年，北槽航道上行方向由不适应状态变为极不适应状态，下行方向由适应状态变为基本适应状态（利用较高）；南槽航道上行方向由适应状态变为基本适应状态（利用较高），下行方向一直处于基本适应状态（利用较高）；南港航道上下行方向由基本适应状态（利用较高）变为不适应状态。以上说明长江口航道无项目时，无法满足2030年船舶通航需求，更无法满足2035年船舶通航需求。

（2）场景B

场景B的方案2030-B1至2035-B8的仿真结果，分别如表8-6至表8-13所示。

①方案2030-B1与2035-B2仿真结果分析。

表8-6　　　　　　　　　方案2030-B1仿真结果

断面	全年船舶流量（艘）			全年货运量（亿吨）			断面利用率	
	上行	下行	合计	上行	下行	合计	上行	下行
北槽断面	43217	34793	78010	9.51	6.87	16.38	53.91%	43.46%
南槽断面	99085	106477	205562	1.87	2.39	4.27	66.38%	71.51%
南港断面	142292	141421	283713	11.38	9.29	20.67	70.37%	69.94%
北港断面	0	0	0	0.00	0.00	0.00	0.00%	0.00%

表8-7　　　　　　　　　方案2035-B2仿真结果

断面	全年船舶流量（艘）			全年货运量（亿吨）			断面利用率	
	上行	下行	合计	上行	下行	合计	上行	下行
北槽断面	48289	39214	87503	9.50	7.16	16.65	60.17%	48.91%
南槽断面	100897	109034	209931	1.98	2.46	4.43	67.61%	73.24%
南港断面	149183	148390	297573	11.47	9.65	21.12	73.68%	73.29%
北港断面	0	0	0	0.00	0.00	0.00	0.00%	0.00%

综合场景 2030-B1、2035-B2 两方案的仿真结果看，若长江口南槽航道建设水深 7.2 米工程，从 2030 年到 2035 年，北槽航道上行方向由适应状态变为不适应状态（利用偏高），下行方向一直处于适应状态；南槽航道上行方向一直处于基本适应状态（利用较高），下行方向一直处于不适应状态（利用偏高）；南港航道上下行方向一直处于不适应状态（利用偏高）。以上说明南槽航道水深 7.2 米工程勉强满足 2030 年船舶通航需求，无法满足 2035 年长江口航道船舶通航需求。

②方案 2030-B3 与 2035-B4 仿真结果分析。

表8-8　　　　　　　　方案2030-B3仿真结果

断面	全年船舶流量（艘）			全年货运量（亿吨）			断面利用率	
	上行	下行	合计	上行	下行	合计	上行	下行
北槽断面	41875	32853	74728	9.51	6.68	16.20	52.26%	41.01%
南槽断面	100391	108442	208833	2.01	2.62	4.63	67.29%	72.87%
南港断面	142264	141442	283706	11.52	9.34	20.86	70.42%	70.01%
北港断面	0	0	0	0.00	0.00	0.00	0.00%	0.00%

表8-9　　　　　　　　方案2035-B4仿真结果

断面	全年船舶流量（艘）			全年货运量（亿吨）			断面利用率	
	上行	下行	合计	上行	下行	合计	上行	下行
北槽断面	46523	36521	83044	9.46	6.92	16.38	58.02%	45.61%
南槽断面	102723	111737	214460	2.13	2.72	4.85	68.86%	75.10%
南港断面	149223	148411	297634	11.59	9.68	21.26	73.77%	73.37%
北港断面	0	0	0	0.00	0.00	0.00	0.00%	0.00%

综合场景 2030-B3、2035-B4 两方案的仿真结果看，若长江口南槽航道建设水深 6+7.5 米复式航道工程，从 2030 年到 2035 年，北槽航道上行方向由适应状态变为基本适应状态（利用较高），下行方向基本均处于适应状态；南槽航道上行方向一直处于基本适应状态（利用较高），下行方向由不适应状态（利用偏高）转为极不适应状态；南港航道上下行方向一直处于不适应状态（利用偏高）。以上说明南槽航道水深 6+7.5 米复式航道工程勉强满足 2030 年船舶通航需求，无法满足 2035 年船舶通航需求。

③方案 2030-B5 与 2035-B6 仿真结果分析。

表8-10　　　　　　　　　方案2030-B5仿真结果

断面	全年船舶流量（艘）			全年货运量（亿吨）			断面利用率	
	上行	下行	合计	上行	下行	合计	上行	下行
北槽断面	38224	28821	67045	9.24	6.29	15.52	47.79%	36.09%
南槽断面	103956	112288	216244	2.29	3.00	5.29	69.71%	75.50%
南港断面	142168	141352	283520	11.53	9.34	20.86	70.72%	70.31%
北港断面	0	0	0	0.00	0.00	0.00	0.00%	0.00%

表8-11　　　　　　　　　方案2035-B6仿真结果

断面	全年船舶流量（艘）			全年货运量（亿吨）			断面利用率	
	上行	下行	合计	上行	下行	合计	上行	下行
北槽断面	42815	32251	75066	9.13	6.53	15.66	53.44%	40.34%
南槽断面	106978	116608	223586	2.49	3.22	5.70	71.77%	78.44%
南港断面	149789	149036	298825	11.62	9.78	21.40	74.28%	73.91%
北港断面	0	0	0	0.00	0.00	0.00	0.00%	0.00%

综合场景 2030-B5、2035-B6 两方案的仿真结果看，若长江口南槽航道建设水深 6+8×400 米复式航道工程，从 2030 年到 2035 年，北槽航道上行方向一直处于适应状态，下行方向均处于基本适应状态（利用较低）；南槽航道上行方向由基本适应状态变为不适应状态（利用偏高），下行方向一直处于极不适应状态；南港航道上下行方向一直处于不适应状态（利用偏高）。以上说明南槽航道水深 6+8×400 米复式航道工程勉强满足 2030 年船舶通航需求，无法满足 2035 年长江口航道船舶通航需求。

④方案 2030-B7 与 2035-B8 仿真结果分析。

表8-12　　　　　　　　　方案2030-B7仿真结果

断面	全年船舶流量（艘）			全年货运量（亿吨）			断面利用率	
	上行	下行	合计	上行	下行	合计	上行	下行
北槽断面	38338	28986	67324	9.19	6.28	15.48	47.90%	36.28%
南槽断面	103803	112177	215980	2.29	3.00	5.29	69.61%	75.43%
南港断面	142133	141324	283457	11.48	9.32	20.80	70.71%	70.31%
北港断面	0	0	0	0.00	0.00	0.00	0.00%	0.00%

表8-13　　　　　　　　　　方案2035-B8仿真结果

断面	全年船舶流量（艘）			全年货运量（亿吨）			断面利用率	
	上行	下行	合计	上行	下行	合计	上行	下行
北槽断面	43023	32575	75598	9.16	6.57	15.73	53.70%	40.70%
南槽断面	106425	115870	222295	2.46	3.18	5.64	71.40%	77.94%
南港断面	149435	148570	298005	11.62	9.78	21.40	74.19%	73.76%
北港断面	0	0	0	0.00	0.00	0.00	0.00%	0.00%

综合场景2030-B7、2035-B8两方案的仿真结果看，若长江口南槽航道建设水深6+8×250米复式航道工程，从2030年到2035年，北槽航道上行方向一直处于适应状态，下行方向均处于基本适应状态（利用较低）；南槽航道上行方向由基本适应状态变为不适应状态（利用偏高），下行方向一直处于极不适应状态；南港航道上下行方向一直处于不适应状态（利用偏高）。以上说明南槽航道水深6+8×250米复式航道工程勉强满足2030年船舶通航需求，无法满足2035年船舶通航需求。

⑤场景B仿真结果分析。

综合场景B的八个方案仿真结果看，在2030年前，仅有南槽航道水深7.2米、6+7.5、6+8×400、6+8×250米工程，勉强满足2030年船舶通航需求、无法满足2035年船舶通航需求；但实施南槽水深6+8×400、6+8×250米工程比6+7.5、7.2米工程，更有利于提高北槽航道服务水平，其中水深6+8×400工程更有利于满足南槽航道通航需求。

（3）场景C

场景C的方案2030-C1至2035-C8的仿真实验结果，分别见表8-14至表8-21。

①方案C1与C2仿真结果分析。

表8-14　　　　　　　　　　方案2030-C1仿真结果

断面	全年船舶流量（艘）			全年货运量（亿吨）			断面利用率	
	上行	下行	合计	上行	下行	合计	上行	下行
北槽断面	42900	34961	77861	9.65	6.92	16.57	53.52%	43.65%
南槽断面	76168	83447	159615	1.46	2.05	3.50	51.02%	56.07%
南港断面	119064	118528	237592	11.11	8.99	20.10	58.30%	58.04%
北港断面	23561	23108	46669	0.47	0.36	0.83	35.32%	34.68%

表8-15　　　　　　　　　　方案2035-C2仿真结果

断面	全年船舶流量（艘）			全年货运量（亿吨）			断面利用率	
	上行	下行	合计	上行	下行	合计	上行	下行
北槽断面	48068	39451	87519	9.54	7.19	16.73	59.94%	49.20%
南槽断面	77908	85630	163538	1.54	2.12	3.66	52.19%	57.55%
南港断面	125967	125207	251174	11.07	9.34	20.41	61.52%	61.15%
北港断面	23346	23061	46407	0.49	0.37	0.86	35.26%	34.82%

综合场景2030-C1、2035-C2两方案的仿真结果看，若长江口南槽航道建设水深7.2米工程及北港航道建设水深6米工程，从2030年到2035年，北槽航道上行方向由适应状态变为基本适应状态（利用较高），下行方向由基本适应状态（利用较低）变为适应状态；南槽航道上下行方向一直处于基本适应状态（利用较低）；南港航道上下行方向由适应状态变为基本适应状态；北港航道处于基本适应（利用较低）状态。以上说明南槽航道水深7.2米工程及北港航道建设水深6米工程能满足2030、2035年长江口航道船舶通航需求。

②方案2030-C3与2035-C4仿真结果分析。

表8-16　　　　　　　　　　方案2030-C3仿真结果

断面	全年船舶流量（艘）			全年货运量（亿吨）			断面利用率	
	上行	下行	合计	上行	下行	合计	上行	下行
北槽断面	40668	32641	73309	9.40	6.66	16.06	50.79%	40.80%
南槽断面	78057	85265	163322	1.60	2.25	3.85	52.31%	57.31%
南港断面	118718	118056	236774	11.00	8.95	19.95	58.33%	58.00%
北港断面	23436	23045	46481	0.47	0.36	0.83	35.24%	34.66%

表8-17　　　　　　　　　　方案2035-C4仿真结果

断面	全年船舶流量（艘）			全年货运量（亿吨）			断面利用率	
	上行	下行	合计	上行	下行	合计	上行	下行
北槽断面	45516	36598	82114	9.32	6.91	16.24	56.80%	45.68%
南槽断面	80189	88227	168416	1.71	2.34	4.05	53.76%	59.32%
南港断面	125685	124936	250621	11.03	9.29	20.32	61.52%	61.15%
北港断面	23536	23331	46867	0.49	0.37	0.87	35.36%	35.05%

综合场景2030-C3、2035-C4两方案的仿真结果看，若长江口南槽航道建设水深6+7.5米工程及北港航道建设水深6米工程，从2030年到2035年，

北槽航道上行方向由适应状态变为基本适应状态（利用较高），下行方向由基本适应状态（利用较低）变为适应状态；南槽航道上下行方向一直处于适应状态；南港航道上下行方向由适应状态变为基本适应状态；北港航道处于基本适应（利用较低）状态。以上说明南槽航道水深7.2米工程及北港航道建设水深6米工程能满足2030、2035年长江口航道船舶通航需求。

③方案2030-C5与2035-C6仿真结果分析。

表8-18　　　　　　　　　方案2030-C5仿真结果

断面	全年船舶流量（艘）			全年货运量（亿吨）			断面利用率	
	上行	下行	合计	上行	下行	合计	上行	下行
北槽断面	37718	29162	66880	9.26	6.32	15.58	47.16%	36.50%
南槽断面	81271	88802	170073	1.89	2.65	4.53	54.51%	59.76%
南港断面	118987	118110	237097	11.15	8.99	20.15	58.57%	58.14%
北港断面	23322	23226	46548	0.48	0.36	0.84	35.28%	35.11%

表8-19　　　　　　　　　方案2035-C6仿真结果

断面	全年船舶流量（艘）			全年货运量（亿吨）			断面利用率	
	上行	下行	合计	上行	下行	合计	上行	下行
北槽断面	41936	32114	74050	9.10	6.50	15.59	52.36%	40.12%
南槽断面	83711	92552	176263	2.03	2.81	4.84	56.16%	62.30%
南港断面	125641	124831	250472	11.12	9.35	20.48	61.74%	61.34%
北港断面	23340	23016	46356	0.49	0.36	0.85	35.22%	34.73%

综合场景2030-C3、2035-C4两方案的仿真结果看，若长江口南槽航道建设水深6+8×400米工程及北港航道建设水深6米工程，从2030年到2035年，北槽航道上行方向由适应状态变为基本适应状态（利用较高），下行方向保持为基本适应状态（利用较低）；南槽航道上行方向一直处于适应状态，下行方向由适应状态转为基本适应状态（利用较高）；南港航道上行方向由适应状态变为基本适应状态，下行方向一直处于适应状态；北港航道处于基本适应（利用较低）状态。以上说明南槽航道水深6+8×400米工程及北港航道建设水深6米工程能满足2030、2035年长江口航道船舶通航需求。

④方案 2030-C7 与 2035-C8 仿真结果分析。

表8-20　　　　　　　　　　方案2030-C7仿真结果

断面	全年船舶流量（艘）			全年货运量（亿吨）			断面利用率	
	上行	下行	合计	上行	下行	合计	上行	下行
北槽断面	37809	29190	66999	9.26	6.38	15.64	47.27%	36.49%
南槽断面	81315	88735	170050	1.88	2.63	4.51	54.54%	59.71%
南港断面	119120	118151	237271	11.14	9.05	20.19	58.70%	58.22%
北港断面	23306	22978	46284	0.47	0.36	0.83	35.13%	34.64%

表8-21　　　　　　　　　　方案2035-C8仿真结果

断面	全年船舶流量（艘）			全年货运量（亿吨）			断面利用率	
	上行	下行	合计	上行	下行	合计	上行	下行
北槽断面	41821	32047	73868	9.07	6.47	15.54	52.21%	40.05%
南槽断面	83195	92181	175376	2.02	2.81	4.83	55.83%	62.06%
南港断面	125012	124379	249391	11.09	9.31	20.40	61.49%	61.18%
北港断面	23554	23071	46625	0.49	0.37	0.86	35.42%	34.74%

综合场景 2030-C7、2035-C8 两方案的仿真结果看，若长江口南槽航道建设水深 6+8×250 米工程及北港航道建设水深 6 米工程，从 2030 年到 2035 年，北槽航道上行方向由适应状态变为基本适应状态（利用较高），下行方向一直处于基本适应（利用较低）状态；南槽航道上行方向一直处于适应状态，下行方向由适应状态转为基本适应状态（利用较高）；南港航道上行方向由适应状态变为基本适应状态，下行方向一直处于适应状态；北港航道处于基本适应（利用较低）状态。以上说明南槽航道水深 6+8×250 米工程及北港航道建设水深 6 米工程能满足 2030、2035 年长江口航道船舶通航需求。

⑤场景 C 仿真结果分析。

综合场景 C 的八个方案仿真结果看，建设南槽航道水深 7.2 米、6+7.5、6+8×400、6+8×250 米工程及北港 6 米工程，能满足 2030 年及 2035 年长江口航道船舶通航需求；但实施南槽水深 6+8×400、6+8×250 米工程比 6+7.5、7.2 米工程，更有利于提高北槽航道服务水平，其中水深 6+8×400 工程更有利于满足南槽航道船舶通航需求。

（4）场景 D

场景 4 的方案 2035-D1 至 2035-D4 仿真实验结果，分别如表 8-22 至表 8-25 所示。

表8-22　　　　　　　　　　方案2035-D1仿真结果

断面	全年船舶流量（艘）			全年货运量（亿吨）			断面利用率	
	上行	下行	合计	上行	下行	合计	上行	下行
北槽断面	40618	32792	73410	8.73	6.38	15.11	50.71%	40.94%
南槽断面	76967	83727	160694	1.48	2.02	3.50	51.56%	56.25%
南港断面	117575	116631	234206	10.21	8.43	18.64	57.58%	57.12%
北港断面	30756	30091	60847	1.33	1.19	2.51	45.40%	44.46%

由方案 D1 的仿真结果看，若长江口南槽航道建设水深 7.2 米工程及北港航道建设水深 10 米工程，到 2035 年，北槽航道上行方向为适应状态，下行方向为基本适应状态（利用较低）；南槽航道上行方向均处于适应状态；南港航道上下行方向均处于适应状态；北港航道处于基本适应（利用较低）状态。以上说明南槽航道水深 7.2 米工程及北港航道建设水深 10 米工程完全能满足 2035 年长江口航道船舶通航需求。

表8-23　　　　　　　　　　方案2035-D2仿真结果

断面	全年船舶流量（艘）			全年货运量（亿吨）			断面利用率	
	上行	下行	合计	上行	下行	合计	上行	下行
北槽断面	39359	30993	70352	8.65	6.19	14.84	49.15%	38.77%
南槽断面	78181	85575	163756	1.61	2.20	3.80	52.39%	57.53%
南港断面	117534	116713	234247	10.26	8.42	18.68	57.64%	57.24%
北港断面	30275	28879	59154	1.31	1.16	2.47	44.52%	42.60%

由方案 D2 的仿真结果看，若长江口南槽航道建设水深 6+7.5 米工程及北港航道建设水深 10 米工程，到 2035 年，北槽航道上行方向为适应状态，下行方向为基本适应（利用较低）状态；南槽航道上下行方向均处于适应状态；

南港航道上下行方向均处于适应状态；北港航道处于基本适应（利用较低）状态。以上说明南槽航道水深6+7.5米工程及北港航道建设水深10米工程完全能满足2035年长江口航道船舶通航需求，同时与方案D1相比，北槽航道的利用率降低。

表8-24　　　　　　　　　　　方案2035-D3仿真结果

断面	全年船舶流量（艘）			全年货运量（亿吨）			断面利用率	
	上行	下行	合计	上行	下行	合计	上行	下行
北槽断面	36144	27639	63783	8.27	5.88	14.14	45.21%	34.59%
南槽断面	81204	88600	169804	1.86	2.52	4.38	54.46%	59.60%
南港断面	117341	116350	233691	10.13	8.42	18.55	57.77%	57.28%
北港断面	31257	30627	61884	1.37	1.23	2.60	45.81%	44.95%

由方案D3的仿真结果看，若长江口南槽航道建设水深6+8*400米工程及北港航道建设水深10米工程，到2035年，北槽航道上行方向为适应状态，下行方向为基本适应（利用较低）状态；南槽航道上下行方向均处于适应状态；南港航道上下行方向均处于适应状态；北港航道处于基本适应（利用较低）状态。以上说明南槽航道水深6+8×400米工程及北港航道建设水深10米工程完全能满足2035年长江口航道船舶通航需求，同时与方案D1、D2相比，北槽航道的利用率进一步降低。

表8-25　　　　　　　　　　　方案2035-D4仿真结果

断面	全年船舶流量（艘）			全年货运量（亿吨）			断面利用率	
	上行	下行	合计	上行	下行	合计	上行	下行
北槽断面	35984	27283	63267	8.32	5.85	14.17	44.99%	34.17%
南槽断面	81252	88748	170000	1.86	2.53	4.40	54.49%	59.71%
南港断面	117227	116173	233400	10.18	8.42	18.60	57.74%	57.22%
北港断面	31109	30633	61742	1.34	1.21	2.56	45.74%	45.07%

由方案D4的仿真结果看，若长江口南槽航道建设水深6+8×250米工

程及北港航道建设水深 10 米工程，到 2035 年，北槽航道上行方向为适应状态，下行方向为基本适应（利用较低）状态；南槽航道上下行方向均处于适应状态；南港航道上下行方向均处于适应状态；南港航道上下行方向均处于适应状态；北港航道处于基本适应（利用较低）状态。以上说明南槽航道水深 6+8×250 米工程及北港航道建设水深 10 米工程能基本满足 2035 年长江口航道船舶通航需求，同时与方案 D1、D2、D3 相比，北槽航道的利用率更低。

综合场景 D 的四个方案仿真结果看，同时开发建设南槽航道二期工程和北港航道二期工程，能满足 2035 年长江口航道船舶通航需求且有较大富余。

（5）北槽航道分时段利用情况仿真实验结果分析

以上各方案的北槽航道分时段利用情况如表 8-26 所示，可见在现状航道条件下，繁忙时段北槽航道已接近不适应状态，随着南槽航道 7.2 米、6+7.5 米、6+8×400 米、6+8×250 米以及北港 7 米、10 米水深工程的实施，繁忙时段北槽航道的断面利用率不断下降。从保持北槽航道通畅角度看，南槽 6+8×400 米方案较好。

表8-26　　多场景多工况北槽航道分时段航道利用率（%）

方案	北槽航道全时段断面利用率 上行	下行	北槽航道繁忙时段断面利用率 上行	下行	北槽航道其他时段利用率 上行	下行
2021	47.08	38.06	57.03	44.92	35.32	30.00
A1	66.91	53.84	74.48	57.60	57.96	49.47
A2	73.99	59.62	84.96	69.19	61.04	48.40
B1	53.91	43.46	59.92	47.77	46.81	38.43
B2	60.17	48.91	73.46	58.23	44.46	37.96
B3	52.26	41.01	58.18	44.23	45.27	37.28
B4	58.02	45.61	70.63	54.86	43.11	34.73
B5	47.79	36.09	53.26	39.97	41.34	31.55
B6	53.44	40.34	64.84	48.83	39.98	30.35
B7	47.90	36.28	52.86	40.17	42.05	31.74
B8	53.70	40.70	64.90	49.28	40.48	30.61
C1	53.52	43.65	58.44	47.02	47.72	39.7
C2	59.94	49.20	73.59	59.02	43.81	37.66
C3	50.79	40.80	56.04	44.63	44.58	36.33

续表

方案	北槽航道全时段断面利用率 上行	北槽航道全时段断面利用率 下行	北槽航道繁忙时段断面利用率 上行	北槽航道繁忙时段断面利用率 下行	北槽航道其他时段利用率 上行	北槽航道其他时段利用率 下行
C4	56.80	45.68	69.01	54.44	42.37	35.39
C5	47.16	36.50	51.61	39.16	41.90	33.40
C6	47.16	36.50	51.61	39.16	41.90	33.40
C7	47.27	36.49	51.76	39.52	41.96	32.98
C8	52.21	40.05	62.99	47.11	39.48	31.76
D1	50.71	40.94	61.53	49.84	37.93	30.47
D2	49.15	38.77	59.92	47.21	36.43	28.84
D3	45.21	34.59	54.37	43.39	34.39	24.23
D4	44.99	34.17	54.49	42.30	33.78	24.60

四、主要仿真实验结论

通过分析上述仿真实验的结果，可以得出以下结论。

①对于场景 A，即长江口航道不实施航道整治工程项目。

随着船舶流量的增大和船型构成的变化，到 2030 年，长江口北槽航道即处于不适应状态；到 2035 年，北槽航道上行方向处于极不适应状态，南港航道上行方向处于不适应状态。可见，在 2030 年前，长江口航道需要实施航道整治工程。

②对于场景 B，即长江口航道仅实施南槽（水深从 6 米提高到 7.2 米、6+7.5 米、6+8×400 米、6+8×250 米）二期整治工程项目。

在 2030 年前，仅有南槽航道水深从 6 米提高到 7.2 米、6+7.5 米、6+8×400 米、6+8×250 米工程，勉强满足 2030 年长江口航道船舶通航需求，但无法满足 2035 年长江口航道船舶通航需求，且实施南槽 6+8×400 米、6+8×250 米工程比水深 6+7.5 米和 7.2 米工程，更有利于提高北槽航道服务水平。

③对于场景C，即长江口航道先后实施南槽二期（7.2米、6+7.5米、6+8×400米、6+8×250米）整治工程项目和北港一期（7米）整治工程项目。

在2030年前，同时开发建设南槽航道和北港航道，能够满足2035年长江口航道需求；在北港航道开通且水深达到6米的条件下，实施南槽6+8×400米、6+8×250米比南槽水深6+7.5米、7.2米工程，更有利于提高北槽航道服务水平，同时也从一定程度上减轻了南槽、南港的通航压力。

④对于场景D，即长江口航道先后实施南槽二期（7.2米、6+7.5米、6+8×400米、6+8×250米）和北港一期（10米）两个工程项目。

在2030年前，同时开发建设南槽航道和北港航道，四种方案均完全能够满足2035年长江口航道船舶通航需求。

⑤四个场景中，对比南槽航道实施水深提升到6+8×400米、6+8×250米工程方案，从有利于提高北槽航道服务水平来说，南槽航道采用6+8×400米航道方案较好，到2035年，北槽航道适应性最好。

⑥综合航道适应性及工程经济性来看，南槽航道6+8×400米工程最好，建议优先实施。

附1 长江口航道通航仿真回顾

自2016年开展长江口航道通航仿真研究以来,相关工作共经历了三个研究阶段,各阶段的研究过程、研究特点和解决的问题如。

一、长江口南槽航道一期研究阶段

研究过程:2016年,为支持《长江口南槽航道治理一期工程可行性研究》,结合《长江口航道货运量及船舶流量预测研究》成果,运用计算机仿真方法,深入分析、评估长江口(南槽、北槽)航道现状及未来通过能力、服务水平以及通航适应性,为南槽航道一期工程建设决策提供必要的技术支撑。

研究特点:一是对南北槽航道上下行船舶通航流程及上下行超宽船通行北槽航道审批流程进行分析,考虑潮汐、管制及超宽船船宽对北槽航道通航的影响,设计了双时钟仿真体系及上下行最大船宽更新机制。二是考虑船舶长、宽和吃水等尺度参数间关系,设计了基于尺度参数关联的船舶生成方法;基于仿真双时钟设计了实体分流机制,模拟北槽航道超宽船舶预申报制。三是基于以上关键技术,采用Arena仿真软件,建立了长江口航道通航系统仿真模型,重点解决了北槽管制仿真建模和北槽边坡利用仿真建模问题,运用模型对南槽航道一期工程 26 种方案进行仿真分析并得到结论。

解决问题：一是建立了长江口航道通航仿真系统，并利用历史数据对模型进行了验证。二是通过模型分析，预测既有通航条件下 2020 年北槽断面利用率接近不适应区间，为长江口南槽航道一期工程建设提供了有力支撑。

二、长江口"十四五"发展规划研究阶段

研究过程：2019 年，为支持《长江口航道"十四五"规划研究》，在前述研究基础上，将研究范围由南槽、北槽航道进一步拓展到包含南港、北港、南槽、北槽航道在内的整个长江口航道，对其通航适应性进行仿真研究，评价各航道通过能力状况，为"十四五"规划南槽后续工程及北港航道开发建设等重大决策问题提供支持。

研究特点：一是考虑长江口航道航线特点及不同货类流向，构建了"进出长江口（海轮、江海轮）"以及"长江内河船舶"航线网络；考虑北港航道开发必要性，根据 LNG 船舶通航相关规定，分析北港航道 LNG 船舶通航规则及影响。二是在长江口（南、北槽）航道通航系统仿真模型基础上，考虑潮汐、管制及码头服务等，新增南港、北港、南北港交汇处、南北槽交汇处等处航道上下船舶通航仿真模块及码头服务模块，建立了新的长江口航道适应性仿真模型。三是对于北港航道，基于 LNG 船舶通航规则，对有 LNG 船舶通航条件下的北港航道上、下行船舶通行过程建立了仿真模型。四是利用 2018 现状年实际数据验证了新仿真模型的有效性，并运用其对 2025 规划年及 2035 规划年等 51 个不同实验方案进行仿真分析并得到结论。

解决问题：一是拓展了长江口航道通航仿真系统的范围，增加了南港、北港、相关交汇处和码头服务等模块，强化了模型的可信度。二是分析了 2025 年、2035 年南槽、北港等项目实施后长江口航道的适应性，支撑了长江口"十四五"发展规划的编制。

三、长江口南槽航道二期研究阶段

研究过程：2021年，为配合《长江口南槽航道整治二期工程工程可行性研究》工作，启动南槽二期工程航道适应性仿真研究，深入分析、评估长江口航道（包括主航道及辅航道）现状及未来通过能力、服务水平以及通航适应性，为南槽航道二期工程建设规模和建设必要性提供必要的技术支撑。

研究特点：一是为分析1万~2万吨减载船舶及大型空载散货船等乘潮通航对长江口南北槽航道通过能力的影响，考虑"大船优先"和"随到随走"管控策略，在高潮管制时段控制大小船按规则二线或三线通行，建立了两种策略下的南槽航道通航逻辑模型和仿真模型。二是根据工程需要，考虑南槽航道二期 6×185+7.5×250+6×185（单向2+1）、6+8×250（单向1+2）、6+8×400（单向2+1）复式航道方案，构建了南槽航道复式航道通航仿真模块，解决了复式航道仿真关键技术问题。三是在上一期仿真模型的基础上，新增南槽大小船混行仿真模块和复式航道通航仿真模拟，进一步建立了长江航道适应性仿真模型，并更新仿真参数设置界面。四是利用2018现状年实际数据验证了新仿真模型的有效性，并运用其对2030规划年及2035规划年等22个不同工程及管控策略方案进行仿真分析并得到结论。

解决问题：一是进一步完善长江口航道通航仿真系统中南槽模块，包括设定管控策略、复式航道等。二是分析了南槽二期工程不同建设尺度下的长江口航道适应性，为长江口南槽航道二期工程建设提供了有力支撑。

附表1-1　不同阶段长江口航道通航仿真特点回顾

阶段	时间	支撑内容	仿真模型	研究范围	主要模块	主要技术
第一阶段	2016—2018	长江口南槽航道一期工程可行性研究	长江口航道通航适应性模型	南槽、北槽航道	北槽航道通航仿真模块 南槽航道通航仿真模块 北槽航道管控仿真模块	北槽航道通航时间窗设计 北槽航道边坡推进预闸仿真建模 双时钟推进预申报参数关联仿真建模 船舶尺度参数关联生成仿真设计 实体分合申报仿真建模
第二阶段	2019—2021	长江口航道"十四五"规划	长江口复杂航道仿真模型	南港、北港、南槽、北槽航道	北槽航道通航仿真模块 南槽航道通航仿真模块 北港航道通航仿真模块 北港航道LNG船通航管控仿真模块	北槽航道通航时间窗设计 北槽航道边坡推进预闸仿真建模 双时钟推进预申报参数关联仿真建模 船舶尺度参数关联生成仿真设计 实体分合申报仿真建模 LNG船双向通航仿真建模
第三阶段	2021—2023	长江口南槽航道二期工程可行性研究	考虑船舶行为和管控策略的长江口航道仿真模型	南港、北港、南槽、北槽航道	北槽航道通航仿真模块 南槽航道通航仿真模块 北港航道通航仿真模块 北港航道LNG船通航管控仿真模块 南槽混行航道通航仿真模块 南槽复式航道通航仿真模块	北槽航道通航时间窗设计 北槽航道边坡推进预闸仿真建模 双时钟推进预申报参数关联仿真建模 船舶尺度参数关联生成仿真设计 实体分合申报仿真建模 LNG船双向通航仿真建模 南槽混行航道通航仿真建模 南槽复式航道通航仿真建模

附2　长江口航道适应性评价理论探索

一、航道适应性及主要影响因素

从现有研究看，关于航道适应性尚没有权威一致的定义。

本研究认为，"航道适应性"是指在一定的经济社会与技术条件下，航道的通航能力或者服务能力满足船舶通航需求的合理程度，是航道等级与尺度、通航保证率、航道利用率、航道服务水平等方面的总和，主要评价（衡量）指标可以考虑航道利用率、船舶平均等待时间和船舶平均排队长度等指标，或称航道服务水平指标。

影响航道适应性的主要因素有：航道条件、船舶交通流特征、航道船舶通航规则（船舶通航服务或管理）、通航环境等。其中：

①航道条件是决定航道通航能力或服务能力的关键因素，包括航道等级、航道水深、航道宽度、航道弯曲度、航道交汇、航道通航时间、导助航设施，以及碍航物、浅滩、禁航区分布情况等，是评价航道适应性的供给侧因素。

②船舶交通流包括通行船舶种类、船舶吨级、船舶尺度、船舶流量、航速，以及船舶航行习惯和行为策略等方面，其是航道系统服务的对象，满足船舶航行需求是评价航道适应性的需求侧因素。

③航道船舶通航规则主要是从船舶安全航行的角度，对航道服务和船舶航行提出安全监管要求，是考虑航道供需平衡、满足社会公共需求的重要影响因素。

（4）航道通航环境条件，一方面包括潮汐、风、海浪、雾等自然因素，另一方面包括航道内渔船等特殊作业活动，对航道通航能力有重要的不利影响，是限制性因素。

从随机服务系统理论看，河口航道系统（以长江口为例）是一个典型的排队服务系统，即航道是服务台，船舶是服务台的顾客，通航规则就是航道服务系统的服务规则，环境因素对服务系统的效率产生干扰。因此，河口航道适应性就是航道服务系统性能指标的合理性，即反映航道系统服务性能的航道利用率、船舶平均等待时间和船舶平均排队长度等指标。

根据以上特点，本研究主要从随机服务系统的系统性能指标的合理性，或服务质量和服务水平的角度，研究和评价航道适应性。

二、基于排队系统理论的通航系统评价体系

1. 航道适应性评价指标及标准

根据随机排队服务系统理论，衡量服务系统性能指标主要有服务台占用率或利用率，顾客平均等待时间和排队长度等，其中利用率是主要指标。因此，本研究把航道利用率作为研究航道适应性的主要指标，船舶平均等待时间和排队长度两个指标作为辅助指标。这三个指标的定义如下。

（1）航道利用率

航道利用率是反映航道繁忙程度的一个指标，一般用航道断面利用率表示。航道断面利用率与通过该断面的船舶艘数、船舶长度、航速、安全距离及航道年运营时间有关，其定义为：

$$p = N \times \frac{L+D}{V} \div T$$

式中：

p—航道利用率；

N—年通过该航道断面的船舶数量；

L—平均船舶长度；

D—航道内同向两船间的安全距离，根据通航管理规则和船舶安全领域要求确定；

V—船舶航速，根据通航管理规则确定的最低和最高限速范围随机分布，考虑船舶交会、追越及水流等因素引起的航速损失；

T—航道年运营时间，每年365天中扣除气象、人工干预等不能通航的时间，根据长江口航道实际情况取值。

在本研究中，以上述公式为基础，考虑南槽航道大小型船舶对航道占用时间不同，导致航道利用状态不同，采用以下修正公式计算南槽航道利用率：

$$p = \alpha p_1 + (1 - \alpha) p_2$$

式中：

p_1—小型船舶三线通航时的航道利用率；

p_2—大型船舶两线通航时的航道利用率；

α—三线通航时间占比。

（2）船舶平均等待时间

船舶平均等待时间是航道系统内所有通航船舶平均等待时间，包括船舶等待航道（包括管制、放行、安全间距等）的时间，等待潮汐的时间等。本仿真系统分别记录所有船舶在各环节的等待时间，并累计各等待时间，分别求出平均值。尤其是船舶平均等待航道时间，是评价航道适应性或航道系统服务水平的一项重要参考指标，同时，也是计算航道治理工程经济效益的依据。

（3）船舶平均排队长度

船舶平均排队长度是评价航道系统服务水平的一项指标，船舶平均排队越长，航道系统服务水平越低，反之亦然。本仿真系统中记录各类船舶的排队长度，可以为测算船舶平均等待损失提供依据。

2. 长江口航道适应性评价标准

本研究把航道利用率作为航道适应性评价主要指标，主要考虑：

一是航道利用率偏低，说明航道资源利用不充分。一种情形是说明航道资源闲置多，船舶等待时间少，航道服务水平过高，总体上不佳（资源利用不充分）；另一种情形可能是航道资源与船舶需求不匹配，航道资源无法充分利用，如航道不满足船舶通航水深需求而无法通行，导致船舶等待时间长，或者航道通行效率低（如航速慢、船舶在航道中需要规避障碍、规避非运营船舶等等），这也是最不利的。

二是航道利用率偏高，说明航道资源利用是充分的，但船舶等待时间会增加，导致航道服务水平降低，总体上也不利。

三是航道利用率处于合理状态时，航道资源得到有效利用，船舶等待时间适当，航道服务水平和船舶需求相匹配、相适应，经济上总体有利。

因此，航道利用率过高或过低均不经济，或是船舶等待时间过长，或是航道资源没有得到有效利用，都说明航道处于"不合理"状态。只有当航道利用率处于合理水平时，才说明航道利用处于合理状态，称之为"适应"状态，即航道资源与通行效率处于均衡状态。

根据排队理论，服务台合理利用率主要与顾客到达模式、服务台数量、服务台闲置损失与顾客等待损失的比值等三个因素密切相关。一般而言，顾客到达越均衡，服务台合理利用率越高，反之亦反；服务台数量越多，服务台合理利用率越高，反之亦然；服务台闲置损失与顾客等待损失比值越大，服务台合理利用率越高，反之亦然。对于长江口航道服务系统而言，北槽航道是双向单航道，属单服务台系统，而且由于存在超宽船舶通航，北槽航道实质上是一个有条件的双向单航道，故北槽航道是有条件的单服务台系统，因而北槽航道的合理利用率相对正常通航双向航道的合理利用率要更低；同时，北槽航道通航大型船舶，特别是邮轮和集装箱班轮，对时间较为敏感，北槽航道的合理利用率应该再低一些。相对而言，南槽航道较宽阔，可看成是双向"四车道"或"六车道"航道系统，属多服务台系统，其航道合理利用率可以相对高一些。

从公路服务水平看，我国《公路工程技术标准》（JTB B01-2003）以交通流状态为主要指标 v/c（相当于通行能力利用率）或车辆密度，把高速公路、一级公路服务水平划分为四级，以说明公路交通负荷状况，定性地描述交通流从自由流、稳定流到饱和流及强制流的变化阶段。公路对应一级服务水平最好，行驶车辆不受或基本不受交通流中其他车辆的影响，交通流处于自由流状态，为驾驶者和乘客提供的舒适便利程度高。二级服务水平较好，行车速度的自由度受到一定限制，车辆间的相互干扰较大，开始出现车队，为驾驶者提供的舒适便利程度下降。三级服务水平较差，出现交通拥挤，服务水平显著下降，行车延误的车辆达到 80%，所受的限制已达到驾驶者所允许的最低限度。四级服务水平很差，车流会出现走走停停的状态。我国高速和一级公路四级服务水平划分标准，如附表 2-1、附表 2-2 所示。

附表2-1　　　　　　　　高速公路服务水平分级表

服务水平等级	密度	设计速度（120km/h）			设计速度（100km/h）			设计速度（80km/h）		
		车速 km/h	V/C	最大服务交通量	车速 km/h	V/C	最大服务交通量	车速 km/h	V/C	最大服务交通量
一	≤7	≥109	0.34	750	≥96	0.33	700	≥78	0.3	600
二	≤18	≥90	0.74	1600	≥79	0.67	1400	≥66	0.6	1200
三	≤25	≥78	0.88	1950	≥71	0.86	1800	≥62	0.78	1550
四	≤45	≥48	接近1.0	<2200	≥47	接近1.00	<2100	≥45	接近1.00	<2000
	>45	<48	>1.0	0-2200	<47	>1.0	0-2100	<45	>1.0	0-2000

注：密度为小客车数量/小时/车道；V/C 是在理想条件下，最大服务交通量与基本通行能力之比。基本通行能力是四级服务水平上半部的最大小时交通量。

附表2-2　　　　　　　　一级公路服务水平分级表

服务水平	密度（小客车辆/km/h）	设计速度 100km/h			设计速度 80km/h			设计速度 60km/h		
		速度 km/h	V/C	最大服务交通量	速度 km/h	V/C	最大服务交通量	速度 km/h	V/C	最大服务交通量
一	≤7	≥92	0.32	650	≥75	0.29	500	≥57	0.25	400
二	≤18	≥73	0.65	1300	≥60	0.61	1100	≥50	0.56	900
三	≤25	≥68	0.85	1700	≥56	0.78	1400	≥47	0.72	1150
四	≤40	≥50	接近1.00	<2000	≥46	接近1.00	<1800	≥40	接近1.00	<1600
	>40	<50	>1.0	0~2000	<46	>1.0	0-1800	<40	>1.0	0-1600

注：同附表 2-1。

由附表 2-1 和附表 2-2 可见，高速公路和一级公路在一级服务水平下，其 v/c（利用率）变化范围为 0.25~0.34；在二级服务水平下，其 v/c 变化范围为 0.56 ~ 0.74；在三级服务水平下，其 v/c 变化范围为 0.72~0.88；在四级服务水平下，其 v/c 接近或大于 1.0。当公路等级和设计速度越高，其 v/c（利用率）取值越大，反之亦然；服务等级下降，其 v/c（利用率）取值变大，在二级服务水平下，其 v/c（利用率）取值约 60% ~ 70%。超过 70% 公路服务水平已变差，超过 85% 服务水平已很差。

再从美国道路服务水平看，美国把道路服务水平分为六个等级：① A 级：开流畅通，平均车速大于 48km/h，交通量小于道路通行能力的 60%。② B 级：车流稳定，稍有延迟，平均车速大于 40km/h，交通量接近道路通行能力的 70%。③ C 级：车流稳定，有延迟，平均车速大于 32km/h，交通量接近道路通行能力的 80%。④ D 级：车流不大稳定，延迟尚可忍受，平均车速大于 24km/h，交通量接近道路通行能力的 90%。⑤ E 级：车流不稳定，延迟不能忍受，平均车速降到 24km/h，交通量接近道路通行能力。⑥ F 级：交通阻塞，平均车速小于 24km/h，交通量可能超过道路通行能力，但已没有意义。由此可见，美国服务水平划分标准基本与我国相当。

再从港口泊位合理利用率看，根据交通运输部《港口工程技术规范》对泊位利用率的取值参考，见附表 2-3。

附表2-3　　　　　　　海港货类分泊位利用率取值范围

泊位数量	煤炭			件杂货			散粮		
	1	2 ~ 3	≥ ~	1	2 ~ 3	≥ ~	1	2 ~ 3	≥ ~
进口	0.56 ~ 0.60	0.57 ~ 0.70	0.60 ~ 0.75	0.57 ~ 0.65	0.60 ~ 0.70	0.64 ~ 0.75	0.47 ~ 0.50	0.64 ~ 0.70	0.65 ~ 0.70
出口	0.58 ~ 0.63	0.60 ~ 0.65	0.65 ~ 0.75						

由附表 2-3 可见，港口码头服务货种和进出口方向的不同，泊位合理利用率的取值不同，泊位通用性越高，泊位合理利用率取值增加；泊位数量不同，泊位合理利用率的取值不同，泊位数增加，泊位合理利用率取值增加，当仅 1 个泊位时，取值低至 47%，当大于 4 个泊位时，取值可高至 75%，相差约 28%。

通常，泊位数与泊位合理利用率的变化关系，可由下式给出：

$$(s-1) \cdot \rho_{s-1} \cdot K_{s-1} \cdot S \cdot \rho_s \cdot K_{s-1} > \frac{C_b}{C_s} > s \cdot \rho_s \cdot K_s - (s+1) \cdot \rho_{s+1} \cdot K_{s+1}$$

式中：s 代表码头泊位数；

Ks、Ks+1、Ks-1 分别代表码头有 S、S+1 和 S-1 个泊位数时，船舶的排队时间与服务时间之比值；

s、s+1 和 s-1 分别代表码头有 S、S+1 和 S-1 个泊位数时，泊位利用率；

Cs 代表到港船舶平均每艘天费用；

Cb 代表每泊位天营运费用（元）。

根据泊位数与泊位合理利用率关系的表达式，可绘制成附图 2-1。

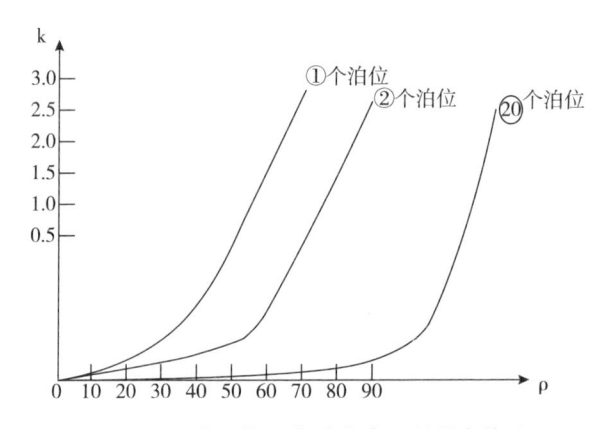

附图 2-1　泊位数 K 与泊位合理利用率关系

由附图 2-1 可见，①在相等的船舶待泊时间的条件下，所允许的泊位利用率随泊位数的增加而增大。如当港口只有一个泊位且泊位利用率为 50% 时，到港船舶的平均待泊时间与船舶平均占用泊位的时间相等；而当港口有 20 个泊位时，及时泊位利用率达到 90%，其船舶平均待泊时间也只有船舶平均占用泊位时间的 1/3 左右。②当港口泊位数一定时，其船舶平均待泊时间随泊位利用率的增大而增加，而且，泊位利用率愈大，则船舶平均待泊时间增加愈快；当泊位利用率达到某一定值后，便急剧增加；如当一个泊位时，其合理利用率约 40%，当有 2 个泊位时，其合理泊位利用率可达 60% 以上。因此，泊位利用率不允许达到相当高的程度，尤其是泊位数少时，合理泊位利用率则要低些；而当泊位数多时，合理泊位利用率可以高些。

综上所述，无论是从公路还是港口看，均没有采用"适应性"这个指标，但是，我们可以借鉴公路、港口合理利用分级标准。

首先，从附表 2-3 海港货类分泊位利用率取值范围和附图 2-1 看，附表 2-3 中的"泊位利用率取值"，实质是"合理泊位利用率"。若实际利用小于此取值，表明泊位利用较不充分，社会总体不利；若实际大于此取值，表明泊位较繁忙，船舶等待时间增长，社会总体也不利。

其次，从公路分级利用看，当公路处于"一级"服务水平即能力利用率小于 0.3 时，其服务水平高对顾客有利，但可能公路处于资源没有得到有效利用，即存在通行服务高，但公路资源相对过剩，交通流过低，就是"不适应"即利用不充分；当公路处于"二级"服务水平即能力利用率在 0.6 左右时，公路处于合理状态，就是"适应性状态"；当公路处于"四级"服务水平即能力利用率大于 0.75 以上，公路能力紧张，能力不足，就是"不适应性状态"。

最后，考虑航道船舶航行速度大幅低于公路，其船舶交通流的利用率分级标准可能还要低一些。

因此，经综合分析研讨和计算，确定长江口航道适应性的评价标准，初步如附表 2-4 所示。

附表2-4　　　　　　　长江口航道适应性评价标准表

	利用不充分 利用太低	基本适应 利用较低	适应	基本适应 利用较高	不适应 利用偏高	极不适应
北槽航道利用率	30% 以下	30% ~ 45%	45% ~ 55%	55% ~ 60%	60% ~ 70%	70% 以上
北港航道利用率	30% 以下	30% ~ 50%	50% ~ 55%	55% ~ 60%	60% ~ 70%	70% 以上
南槽、南港航道利用率	35%	35% ~ 50%	50% ~ 60%	60% ~ 70%	70% ~ 75%	75% 以上

由附表 2-4 可见，南槽和南港航道是多服务通道系统，北槽和北港航道属于单服务通道系统（且北槽受超宽船舶影响和北港考虑 LNG 船舶通行，实质上是有条件的单通道服务），故南槽和南港航道适应性航道利用率高于南槽和南港航道。

三、基于航道服务水平的通航系统评价体系

为了便于理解随机服务系统合理利用率或前述航道适应性评价标准，本报告类似于公路服务水平评价引入了航道服务水平的概念，但由于航道中服务对象——船舶航行的特征与公路服务对象——车辆行驶的特性不同，因而尚不能完全照搬公路服务水平的评价标准。

1. 航道服务水平

服务水平是对基础设施通行能力的特定评价，在道路工程中已有较为成熟的应用，但在航道工程中尚属探讨阶段。结合道路服务水平的概念与航道运行特点，这里将航道服务水平定义为船舶在航道中运行时所能感受的质量量度（航行速度），或是航道运行过程中能够提供船舶高质量通过能力的程度（船舶通过量）。

航道的服务水平有两层含义：一是航道设计服务水平，是指航道设计通过能力满足船舶通行需求的程度。它主要用于航道的规划与设计阶段，根据不同的船舶通行需求确定航道的建设规模及设计通过能力。二是指航道的运行服务水平，这是航道运行质量的评价指标，它随着船舶交通流的变化而变化，在不同的船舶交通流下可以发挥出不同的运行服务水平。

2. 航道服务水平等级划分

（1）分级指标的选取

按照交通设施类型分类，航道属于连续（非间断）交通流，类似于道路交通中高速公路基本路段，因此可借鉴该类型道路服务水平的划分标准。不过，鉴于水运和道路交通相比有其自身特点，在分析过程中不能简单地照搬道路服务水平的方法和标准。

根据道路交通流服务水平的划分思想，航道服务水平与服务交通量密切相关，不同的服务水平允许通过的交通量不同：服务水平等级高的航道船速

快，船舶行驶的自由度大，舒适与安全性好，但其相应的服务交通量小；反之，允许的服务交通量大，则服务水平等级就低。因此，在考虑航道服务水平划分指标时有多种选择，如：航行速度（密度）、船舶行驶的自由度（通畅性）、交通受阻（时间延误）以及经济性（行驶费用）等。

但就航道而言，难以全面考虑和综合上述诸因素，从各指标数据获得的难易程度和可操作性角度出发，本报告考虑选取航道中常用的航道畅通度作为航道服务水平的分级指标。航道畅通度可以反映出航道中船舶航行速度和时间延误：航道畅通度越高，船舶在航道航行的速度就越高，时间延误也越少，航道服务水平就越高。同时，考虑到航道的到船资料一般以日为时间单位进行统计，因此，航道服务水平分级指标的选取也主要以日到船特性为基础进行分析研究。

（2）设计服务水平划分

航道设计服务水平反映航道设计通过能力满足船舶通行需求的程度，设计服务水平越高，对航道设计通过能力的要求就越高，相同船舶交通流量在航道中的畅通度就越高。设计服务水平的划分首先要确定设计服务水平系数，参考道路交通中根据不同车流密度之间的关系得到服务水平系数，它在设计通行能力计算中相当于一个折扣系数。同样，在航道通过能力计算公式中，船舶到达不均衡系数也可认为是考虑了船舶交通流量的不均衡性而对航道通过能力打的折扣。因此，可对船舶到达不均衡系数进行拓展和延伸，以此来确定航道的设计服务水平系数。其方法是将统计年中航道上下行船舶的日到船量从大到小排列，按照船舶交通流中时间保证率的概念，取排序在第1、7、30和182日的船舶流量为航道的日到船特征量，其对应的时间保证率100%、98%、92%、50%为航道的畅通度，定义日到船不均衡系数为不同时间保证率所对应的日到船特征量偏离年平均状态的程度：

$$\beta_i = A_i / A \quad \text{（附2-1）}$$

式中：β_i为日到船不均衡系数；A_i为保证率为i时的日到船量；A为保证率为50%时的日到船特征量。

如根据 2021 年长江口北槽航道上行船舶日统计资料，可知 Ai 分别为 137 艘、133 艘、119 艘、96 艘，即 i 分别为 1.427、1.385、1.240 和 1.000。

在航道通过能力研究方法连续一致的前提下，将航道服务水平系数 ki 定义为：

$$k_i = 1/i \qquad (附2\text{-}2)$$

据此可得到长江口北槽航道上行航道服务水平系数 ki 分别为 0.569、0.717、0.767 和 1.0；下行航道服务水平系数 ki 分别为 0.701、0.722、0.807 和 1.000。

另一方面，由于航道日到船近似服从正态分布，根据函数性质，航道在不同保证率下的日到船舶数量可表示为：

$$A_i = \mu + \sigma \cdot \phi^{-1}(i) \qquad (附2\text{-}3)$$

式中：μ 为正态分布的均值，即 $\mu = A$；σ_σ 为正态分布的均方差；i 为各级服务水平的通过能力保证率；ϕ^{-1} $\phi^{-1}(i)$ 为标准正态分布的反函数，可查正态分布表得到。从而，（附2-2）式可进一步写为：

$$K_i = \frac{1}{1+\dfrac{\sigma}{\mu}\phi^{-1}(i)k_i} = \frac{1}{1+\dfrac{\sigma}{\mu}\phi^{-1}(i)} \qquad (附2\text{-}4)$$

式中符号意义同前。

由上述分析可见，航道服务水平计算的关键是确定航道的日到船特征量，如果航道有至少完整一年的日到船资料，则按式（附2-1）和式（附2-2）计算；如果缺乏完整的到船资料，则可按式（附2-3）和式（附2-4）计算，其中的参数 μ 与 σ_σ 可通过抽样调查确定。

据此，可将长江口北槽航道设计服务水平从高到低分为四级，划分标准见附表 2-5。

附表2-5　　　　　　航道设计服务水平等级划分标准

设计服务水平	航道畅通度 %	设计服务水平系数 上行	设计服务水平系数 下行	日设计通过能力
一级	100	0.701	0.701	满足最大日船舶通过量
二级	98	0.722	0.758	满足最大周船舶通过量

续表

设计服务水平	航道畅通度 %	设计服务水平系数 上行	设计服务水平系数 下行	日设计通过能力
三级	92	0.807	0.824	满足最大月船舶通过量
四级	50	1.000	1.000	满足年平均船舶通过量

由附表 2-5 可见，航道设计服务水平反映了航道设计通过能力满足船舶通过量的需求程度，设计服务水平越高，对航道设计通过能力的要求就越高，相同船舶流量在航道中的畅通度也就越高。在航道设计或设计通过能力计算中，可根据所需要的设计服务水平，选取相应的服务水平系数来确定航道的设计通过能力。

（3）运行服务水平划分

航道在实际运行中，日到船量是可变的，因此对应于一定设计通过能力的航道，在不同的到船条件下，航道服务的质量是不同的。航道服务质量用运行服务水平来进行评价。

航道运行服务水平反映的是在某种航道条件下船舶的运行质量，是依照道路服务水平、船闸服务水平采用的一种衡量航道服务质量的标准。确定航道服务水平是为了说明航道交通负荷状况，以船舶交通流状态划分条件，描述船舶交通流从自由流、稳定流到饱和流、强制流的变化阶段，以便于客观评价航道内船舶交通运行质量。根据船舶交通流的状态，将航道服务水平划分为 4 个等级，分别为畅行流、强稳定流、稳定流、强制流，分别对应 1 级服务水平、2 级服务水平、3 级服务水平和 4 级服务水平。

1 级服务水平：船舶流处于自由流状态，航道上的船舶交通量很少，船舶领域安全区域较大，船舶间不存在干扰，船舶驾驶员可以自由地以期望的畅行船速行驶。

2 级服务水平：船舶流处于强稳定流状态，船舶驾驶员虽然不能以任意的速度行驶，但仍有一定的自由空间，其驾驶自由度受到一定限制，船舶能以稳定的速度行驶。

3 级服务水平：船舶流处于稳定流状态，船舶驾驶员不能以任意的速度行驶，其驾驶自由度受到较大的限制，但单位时间内通过航道上的船舶流量尚未达到最大交通量，船舶仍能以稳定的速度行驶。

4级服务水平：船舶流处于不稳定流状态，单位时间内通过航道上的船舶接近或已达到通过能力的上限值。

运行服务水平系数定义为航道实际通过量和设计通行能力（设计通行量）的比值，它是确定航道运行状况的重要参数，也是检验航道是否会发生交通拥挤的衡量标准。运行服务水平系数计算公式如下：

$$\rho = \frac{W_s}{W_d} \qquad (附2\text{-}5)$$

式中：

ρ 是运行服务水平系数；

W_s 为航道实际船舶通过量（艘数）；

W_d 是航道设计通行能力，其计算公式为：

$$W_d = S \cdot Q_{max} \cdot T \cdot \beta_1 \cdot \beta_2 \cdot \beta_3 \cdot \beta_4 \cdot k_i \qquad (附2\text{-}6)$$

式中：

Q_{max} 为航道最大船舶流量（艘/h）；

S 为航道断面允许并列航行的船舶数，如北槽取1；

T 为航道年通航时间（h），取7920；

β_1 为船舶交会等引起的航速损失系数，取0.8；

β_2 为航道通航保证率，取0.98；

β_3 为驾驶员条件的修正系数，取1.0；

β_4 为夜航系数，取1.0；

k_i 为设计服务水平系数，按公式（附2-2）或（附2-4）取值。

参照道路工程中对道路运行状况的评价标准，初定航道各级运行服务水平系数见附表2-6，该系数根据航道情况还可验证与调整。

附表2-6　　　　　　　航道运行服务水平划分标准

运行服务水平等级	一级	二级	三级	四级
运行服务水平系数	0.5～0.6	0.6～0.7	0.7～0.8	0.8～1.0

3. 长江口航道适应性评价标准

以2021年长江口北槽航道服务水平为例，南槽、南港和北港等航道服务水平等级测算类似。计算结果见附表2-7。

附表2-7　　　2021年长江口北槽航道运行服务水平与等级

设计服务水平	航道畅通度 %	设计服务水平系数		不同设计服务水平下航道设计通过能力 Wd		运行服务水平系数 i	
		上行	下行	上行	下行	上行	下行
一级	100	0.701	0.701	43510	43523	0.864	0.707
二级	98	0.722	0.758	44819	47040	0.839	0.654
三级	92	0.807	0.824	50092	51176	0.750	0.601
四级	50	1.000	1.000	62093	62093	0.605	0.495

根据长江口北槽航道的重要性，其设计服务水平系数应该取一级水平，即满足最大日船舶通过量。由附表2-7可见，北槽航道的上行、下行运行服务水平系数分别为0.864和0.707，根据附表2-6的航道运行服务水平划分标准可见，在2021年实际船舶交通流量下，长江口北槽航道上行服务水平已处于四级水平，即服务水平最差；而北槽航道下行服务水平尚处于三级，即服务水平较差。

由于长江口北槽航道的资源稀缺性，按一级设计服务水平即要满足最大日船舶通过量要求，难度较大；为此考虑按常规设计标准——如满足最大月船舶通过量设计，即按三级设计服务水平计，则2021年长江口北槽航道的上行、下行运行服务水平系数分别为0.750和0.601，根据附表2-6的航道运行服务水平划分标准可见，北槽航道上行服务水平处于三级运行服务水平，即运行服务水平较差，而北槽航道下行运行服务水平尚处于二级。

附3 仿真模型属性定义

附表3-1 船舶属性变量定义表

名称	取值	含义
ArrivalTime	非负实数	船舶生成时刻（单位：小时）
ShipType	非负整数	1-11，分别表示散货船、集装箱船、海工船、危化品船、油船、邮轮、LNG船、工作船、多用途船、件杂货船、滚装船
ShipDirection	非负整数	1表示上行，2表示下行
ShipDFT	正实数	船舶吃水（单位：米）
IsConstrainedShip	整数	是（1）否（0）北槽航道受限船舶
ShipWidth	正实数	船宽（单位：米）
ShipLength	正实数	船长（单位：米）
ShipGoodWeight	正实数	船舶净载重（单位：吨）
ShipRank	非负整数	船舶生成序号
ExpectedTimeAtEntrance	正实数	船舶预计到达入口时间
ShipSpeed	非负实数	船舶航速（单位：节）
ShipWTC	非负实数	北槽航道管制时间窗时间
ShipATC	非负实数	北槽航道管制时间窗开始时刻
ShipDTC	非负实数	北槽航道时间窗管制结束时刻
ShipWTT	非负实数	等待潮汐通过时间
ShipATT	非负实数	开始等待潮汐时刻
ShipDTT	非负实数	结束等待潮汐时刻
ShipRoute	非负实数	初始值（0），北槽（1），南槽（2），北港（3）
ShipWTS	非负实数	安全间隔控制时间
ShipATS	非负实数	安全间隔控制开始时刻
ShipDTS	非负实数	安全间隔控制结束时刻

续表

名称	取值	含义
ShipDWT	非负实数	船舶总载重吨
ShipSeaRiver	非负整数	1 表示江船，2 表示海船
ShipDestination	字符串	船舶航线终到码头
ShipOrigin	字符串	船舶航线始发码头
QueueRank	非负实数	北港船舶排队系数，LNG 船为 1，其他船为 0
ShipVolume	非负实数	LNG 船舶装载容量，取值 1、2、3、4、8，分别表示 1 万立方米、2 万立方米、3 万立方米、4 万立方米和 8 万立方米容量
NCShipRank	非负实数	南槽管控排队等级，排队时大船优先或先到船舶优先
OriginalShipSpeed	非负实数	船舶初始速度
NCShipType	非负实数	南槽船舶类型，1 为大船，2 为小船